**Lanterna mágica
Infância e cinema infantil**

João Batista Melo

Lanterna mágica
Infância e cinema infantil

CIVILIZAÇÃO BRASILEIRA

Rio de Janeiro
2011

Copyright © 2009, João Batista Melo

Projeto gráfico de miolo
Evelyn Grumach e João de Souza Leite

Diagramação de miolo
Abreu's System

CIP-Brasil. Catalogação-na-fonte
Sindicato Nacional dos Editores de Livros, RJ

M485l

    Melo, João Batista, 1960-
        Lanterna mágica: infância e cinema infantil / João Batista Melo. – Rio de Janeiro, 2011.
        il.

        Apêndice
        Inclui bibliografia
        ISBN 978-85-200-0969-7

        1. Cinema – Brasil – História. 2. Filmes infantis – Brasil – História e crítica. 3. Cinema e crianças. I. Título.

10-5209.   CDD: 791.430981
                                                         CDU: 791(81)

Todos os direitos reservados. Proibida a reprodução, armazenamento ou transmissão de partes deste livro, através de quaisquer meios, sem prévia autorização por escrito.

Texto revisado segundo o novo Acordo Ortográfico da Língua Portuguesa.

Direitos desta edição adquiridos pela
EDITORA CIVILIZAÇÃO BRASILEIRA
Um selo da
EDITORA JOSÉ OLYMPIO LTDA.
Rua Argentina 171 – Rio de Janeiro, RJ – 20921-380 – Tel.: 2585-2000

Seja um leitor preferencial Record.
Cadastre-se e receba informações sobre nossos lançamentos e nossas promoções.

Atendimento e venda direta ao leitor:
mdireto@record.com.br ou (21) 2585-2002.

Impresso no Brasil
2011

*Para Aline e Maria do Carmo,
pelo tempo que lhes roubei para me dedicar a este trabalho.*

Sumário

AGRADECIMENTOS *9*
INTRODUÇÃO *11*

CAPÍTULO I
O pequeno príncipe *19*
CONCEITUANDO A INFÂNCIA *22*
O APARECIMENTO E O DESAPARECIMENTO DA INFÂNCIA *26*
UMA INFÂNCIA À MARGEM *32*
INFÂNCIA, MÍDIA E MERCADO *34*

CAPÍTULO II
A lanterna mágica *47*
AS NARRATIVAS INFANTIS *49*
OS PRIMÓRDIOS DO CINEMA INFANTIL *53*
CRIANDO UM PÚBLICO ESPECÍFICO *56*
ENFIM, FILMES PARA CRIANÇAS *59*
O MARAVILHOSO NO CINEMA INFANTIL *67*
OUTROS CINEMAS *73*

CAPÍTULO III
Um país se faz com homens e livros *83*
POR UM CINEMA EDUCATIVO *87*
OS PRIMEIROS FILMES *92*
ENFIM, A HISTÓRIA CONTINUA *102*
ADAPTAÇÕES E O PÚBLICO INFANTIL *119*
LITERATURA E CINEMA INFANTIS NO BRASIL: UMA RELAÇÃO NÃO CONSUMADA *120*

CAPÍTULO IV
Do outro lado do espelho *129*
O BRASIL E A TV *134*
TRAPALHÕES: ENTRE O POPULAR E O MERCADOLÓGICO *136*
XUXA E O XINEMA INFANTIL *140*
MÍDIA, SEXO E VIOLÊNCIA *151*
DO CAMPO PARA A CIDADE *154*
OS DISCÍPULOS DE XUXA *156*
TV COM IMAGINAÇÃO *158*

CAPÍTULO V
E viveram felizes para sempre... *165*
ÍNDICE REMISSIVO *179*
APÊNDICE *189*
BIBLIOGRAFIA *197*

Agradecimentos

À orientadora e amiga Sheila Schvarzman.

Aos professores Marcius Freire, Maria Evelyna do Nascimento, Paulo Bastos Martins, Fernão Ramos, Claudiney Carrasco, José Armando Valente, André Barcellos e aos colegas do Instituto de Artes e da Faculdade de Educação da Unicamp.

Aos diretores Helvécio Ratton, Rodolfo Nanni, Cao Hamburger e Eduardo Escorel.

Às amigas Karen Acioly e Luiza Lins.

Ao pessoal da Cinemateca Brasileira.

Introdução

Histórias de guerrilheiros no distante Marrocos, sabotagens numa ferrovia em construção, hindus elusivos e misteriosos. Essas são algumas das recordações que o escritor Antonio Candido resgata de sua infância na sala de cinema em uma cidade do interior.[1] Em meio às lembranças dos filmes, são os seriados que respondem por uma parcela representativa de suas reminiscências. Naqueles tempos, eram essas produções, divididas em 12 a 16 partes, que mais conquistavam o interesse das crianças, em especial dos meninos. Havia também complementos, como algum curta de faroeste ou mesmo o longa-metragem da véspera. Mas o que mais interessava ao público infantil eram os seriados.

Lembranças muito parecidas são evocadas pelo também escritor Ignácio de Loyola Brandão, quando se refere às sessões com mocinhos infalíveis e cenas de ação que eram interrompidas e permaneciam congeladas na mente das crianças ao longo da semana, à espera da continuação que somente viria no domingo seguinte.

> O dinheiro curto permitia somente aquela sessão da tarde de domingo, quando havia complementos, desenhos, curtas, trailers, um faroeste, um drama qualquer (a meninada odiava fitas de amor: ainda hoje, meus filhos odeiam filmes de amor, acham uma chatice, querem ação). E finalmente, o seriado. O maravilhoso seriado que nos deixava excitados por sete dias, a pensar e repensar no que ia acontecer, como o mocinho iria se safar. Amarrávamos os dias, as semanas, os meses, através do seriado, do suspense, da espera agoniante.[2]

Antonio Candido lembra ainda que a partir de 1927 seus pais levavam-no e os irmãos às sessões noturnas, nas quais eles podiam assistir a filmes como O *fantasma da Ópera* (*Phantom of the Opera*, Arthur Lubin, 1943), *O barqueiro do Volga* (*The Volga Boatman*, Cecil B. DeMille, 1925) ou *Beau Geste* (Herbert Brenon,1939).[3] Era uma época em que se exibia um tipo de filme que podia ser compartilhado entre pais e filhos, entre adultos e crianças. Havia os seriados, que tinham um componente mais infantil ou juvenil, mas por outro lado, como demonstram esses testemunhos, não era incomum que as fitas vistas pelos adultos à noite fossem reexibidas para as crianças à tarde.

São também de filmes compartilhados com meu pai as mais remotas lembranças que tenho do cinema. Recordo, nitidamente, a sensação de expectativa ao entrar pela primeira vez no salão cheio de gente, adultos e crianças, todos sentados em duras cadeiras de madeira e voltados para uma cortina cerrada. Então, depois dos sacos de pipoca, dos vendedores ambulantes de drops e chicletes, a cortina se abriu, a iluminação do cinema se apagou e uma outra luz surgiu, criando imagens que se moviam e que eram como uma espécie de sonho. O filme era brasileiro, *Uma pistola para Djeca* (Ary Fernandes, 1969), estrelado por Amácio Mazzaropi. Meu pai adorava Mazzaropi e, foi assim, pela porta de um filme familiar brasileiro que ele me conduziu para dentro do mundo do cinema.

São essas impressões que estão por trás da origem deste projeto. Buscar e compreender a criança que, naquele tempo e nos dias atuais, entra no espaço mágico de uma sala de exibição foi a grande mola que conduziu as reflexões contidas em *Lanterna mágica*. Tudo começou com a ideia de pesquisar sobre filmes infantis brasileiros feitos a partir de adaptações de textos literários. Não foram necessárias pesquisas exaustivas para constatar que, apesar de a indústria editorial infantojuvenil ser uma das mais fortes do país, há muito tempo os livros do gênero não servem de base para as produções cinematográficas nacionais destinadas às crianças. Depois dessa constatação, também foi fácil observar que há tempos os filmes brasileiros para crianças têm um pé fincado na televisão, principalmente com os trabalhos de Xuxa e dos Trapalhões.

No entanto, as primeiras pesquisas demonstraram que, a rigor, abordar apenas esse aspecto permitiria uma leitura muito restrita. Para isso pesou um número básico: dos 3.898 filmes brasileiros de longa-metragem produzidos entre 1908 e 2009, apenas cerca de setenta, pouco mais do que 2% da produção cinematográfica nacional, destinaram-se ao público infantil. E esses números se tornam mais contundentes quando se lembra que Xuxa, Renato Aragão e os Trapalhões respondem por mais da metade das produções do gênero. Embora nos últimos anos tenha havido um crescimento significativo do cinema de animação no país, sendo parte dessa produção destinada ao público infantil, o baixíssimo percentual de filmes para crianças ainda continua sendo a regra na cinematografia nacional.

Os passos seguintes levaram a outra descoberta: pouco se estudou o cinema infantil brasileiro. Quando eu preparava para a Unicamp a tese de mestrado que deu origem a este livro, não encontrei outras dissertações ou teses sobre o assunto. A bibliografia existente restringia-se a alguns artigos esparsos publicados na imprensa, trechos de livros sobre literatura infantojuvenil ou pedagogia, um verbete na *Enciclopédia do cinema brasileiro*[4] e anais de seminários a respeito do tema.[5]

Diante desse quadro de ausência de informações das quais se poderia partir para um estudo em detalhe de algum recorte mais específico, foi necessário compor o cenário do cinema infantil nacional a partir quase do zero. A primeira ação foi levantar o histórico filmográfico do gênero no país, tarefa aparentemente fácil e rápida, dada a exígua produção nacional, mas dificultada pela própria carência de fontes e pela sua absoluta dispersão. Para a montagem deste trabalho, foram utilizadas pesquisas bibliográficas nos poucos livros específicos e nos muitos que tratam genericamente do cinema, da literatura e da mídia, e de suas interfaces com a infância, bem como no esparso manancial de jornais e revistas brasileiros que, de alguma forma, abordaram o tema. Buscando complementar essas informações com a visão de alguns dos diretores que realizaram obras fundamentais na história do cinema infantil brasileiro, foram feitas entrevistas (pessoalmente, por telefone e por e-mail) com Helvécio Ratton, Eduardo Escorel, Cao Hamburger e Rodolfo Nanni, autor do primeiro longa infantil brasileiro.

Localizar e assistir aos filmes foi mais um passo complicado para a conclusão desta obra. Poucos longas-metragens infantis nacionais estão disponíveis em VHS ou DVD. Por meio de uma paciente pesquisa junto a colecionadores, acervos de instituições especializadas, outros pesquisadores e aos próprios diretores, foi possível ter acesso à maioria dos filmes mais importantes de nossa pequena cinematografia infantil, mas infelizmente não a todos. No mapeamento histórico que é feito nos capítulos III e IV deste trabalho, há lacunas referentes a filmes aos quais não foi possível assistir por mais que se tenha tentado encontrá-los ou mesmo aos seus realizadores. Sobre esses longas são feitas apenas meras referências ou, quando possível, um simples resumo de seu enredo.

Identificado o acervo, faltava compreender o objeto do estudo em si. Falar em cinema infantil brasileiro, um segmento ainda hoje incipiente, queria dizer em primeiro lugar descobrir o significado de um cinema infantil. Mas essa questão, que até recentemente não tinha sido sequer formulada no país, remetia a outra anterior: quem é esse público para o qual se produz um filme infantil?

Em "O pequeno príncipe", primeiro capítulo deste livro, traça-se um quadro genérico das questões envolvidas na conceituação de infância. Inocência, fragilidade, carência de proteção, entre outros, são algumas das características relacionadas com a infância na sociedade ocidental e que se refletem nas produções das artes e das mídias contemporâneas. Mas num mundo que se encontra em transformação cada vez mais vertiginosa, seria possível congelar um retrato fiel dessa infância? Até mesmo as revistas semanais e as publicações de entretenimento já começam a discutir os riscos de uma chegada mais cedo à vida adulta, por meio da erotização precoce e do vertiginoso consumo de tecnologia. Esses fenômenos, cada vez mais institucionalizados em nossa época, afetam significativamente o comportamento das crianças, a constituição da sua cultura e, portanto, o conceito que se tem de infância. Portanto é importante saber: para quais "infâncias" se produziram filmes infantis?[6]

O cinema infantil brasileiro não é um fenômeno isolado. De algum modo, ele se relaciona com o cinema infantil que existiu antes dele, produzido além das nossas fronteiras. É a reconstituição da história desse cinema infantil o objeto de "A lanterna mágica", capítulo que, ao mesmo tempo, objetiva refletir sobre a história e a conceituação do gênero. Nesse aspecto, o livro se propõe também a apontar momentos exemplares do cinema infantil mundial, vários deles disponíveis em DVD, Blu-ray ou exibidos com frequência pelas emissoras de televisão.

A definição do mercado de cinema e vídeo coloca no mesmo gênero tanto obras mais "pueris" como *O grilo feliz* (Walbercy Ribas, 2001) quanto filmes picantemente adolescentes como *Zoando na TV* (José Alvarenga Júnior, 1998).

Por outro lado, entre os filmes considerados infantis há uma grande quantidade de trabalhos que tiveram na mira não somente a criança, mas toda a família. Essa é uma tendência muito forte no cinema de Hollywood, que foi, até certo ponto, importada pela produção brasileira. No caso americano, ela é facilmente identificável na maioria dos filmes que, aparentemente, têm o público infantil como destinatário. Não é mera coincidência que, em geral, entre os heróis desses filmes existam não apenas crianças, mas também adolescentes, e que o tratamento passe pelo universo infantil, mas também pelo adulto. Vale ressaltar que não se trata aqui de realizar um filme infantil que agrade também ao adulto, mas de produzir filmes com elementos que os tornem consumíveis por todo o espectro familiar do público. No Brasil, essa vertente pode ser encontrada nos filmes de Mazzaropi e dos Trapalhões. Por essa razão, inclusive, foi feita neste trabalho apenas uma leitura panorâmica desses filmes. Embora se tenha assistido a toda a sua cinematografia, optou-se — também por razões de espaço — por não se fazer uma análise específica de todos os filmes daqueles realizadores/produtores.

Os dois capítulos seguintes destinam-se a contar a história do cinema infantil brasileiro e refletir sobre ela. Em "Um país se faz com homens e livros" (frase de Monteiro Lobato, que foi, ao mesmo tempo, o mais importante escritor brasileiro do gênero e o autor do livro no qual se baseou o primeiro longa-metragem com atores feito para crianças no país), conta-se a trajetória da nossa produção enquanto não dependente da influência direta da televisão. São os filmes baseados em livros, que se tornaram raros à medida que se caminhou para o final do século XX, e os realizados a partir de ideias originais. E em "Do outro lado do espelho", fala-se sobre as produções criadas no contexto de uma interação explícita com a TV. São os tempos dos Trapalhões e de Xuxa, cujos trabalhos abrem espaço para reflexões sobre as ligações entre a criança e a televisão no Brasil, e como elas afetam sua relação com o cinema. O último capítulo, "E viveram felizes para sempre", resgata, à guisa de conclusão, algumas das questões apresentadas nos capítulos anteriores.

São incluídas neste trabalho também as produções de longa-metragem em desenho animado destinadas ao público infantil. Se filmes com atores e com animações utilizam-se de técnicas variadas, ambos têm como objetivo levar o entretenimento e/ou a arte cinematográfica até as crianças. São, portanto, cinema infantil. E também porque filmes como *Uma cilada para Roger Rabbit* (*Who Framed Roger Rabbit?*, Robert Zemeckis, 1988), em que animações contracenam com atores e, antes dele, *Mary Poppins* (Robert Stevenson, 1964), e mesmo *As aventuras da Turma da Mônica* (Mauricio de Sousa, 1982), quebraram as fronteiras entre os filmes não animados e os desenhos.

Em *Lanterna mágica*, considera-se, todo o tempo, que o cinema é também um meio de comunicação, e nessa abordagem a criança se torna não apenas a espectadora de um trabalho artístico, mas também a receptora de mensagens produzidas em uma mídia que transmite conteúdos definidos por um emissor adulto e inserido em um mercado.

O cinema infantil é considerado não apenas uma valiosa, necessária e legítima expressão estética, mas também parte da indústria cultural, vista aqui pelas lentes de autores contemporâneos alinhados — em maior ou menor grau — com o pensamento da Escola de Frankfurt, a exemplo de Douglas Kellner, Stephen Kliner, Amelia Simpson e Neil Postman.[7] Se uma parte dos pensadores ocidentais afastou-se, nos últimos anos, da abordagem "ideológica" da arte e da cultura, elemento fundamental do pensamento da Escola de Frankfurt, introduzindo leituras interativistas entre o público e a cultura da mídia, outra parte manteve e aprofundou as questões colocadas por pensadores como Adorno e Walter Benjamin, atualizando as correlações entre sistema econômico e cultura, entre disseminação de ideologia e produção estética e cultural.

Por considerar impossível a neutralidade em qualquer tipo de abordagem, bem como a falácia da objetividade científica, em especial no âmbito da arte e das ciências humanas e da comunicação, este trabalho, assumidamente, considera a arte e a mídia instrumentos que reproduzem e disseminam a ideologia do sistema econômico dominante[8] e é também sob esse prisma, e não apenas numa visão estética, que aqui se efetua a leitura da produção cinematográfica para crianças.

Notas

1. CANDIDO, Antonio. "Cinematógrafo". In: LADEIRA, Julieta de Godoy. *Memórias de Hollywood*. São Paulo: Nobel, 1988, p. 88.
2. BRANDÃO, Ignácio de Loyola. "Cabeças Abismadas". In: LADEIRA, Julieta de Godoy, *op. cit.*, p. 135-138.
3. CANDIDO, Antonio. "Cinematógrafo", *op. cit.*, p. 89.
4. RAMOS, Fernão e MIRANDA, Luiz F. A. *Enciclopédia do cinema brasileiro*. São Paulo: Senac, 2000.
5. Fora esses trabalhos, existem alguns poucos textos sobre os perigos do cinema para a psicologia infantil ou sobre o cinema educativo, lançados em meados do século XX. É o caso do livro *Cinema e educação*, dos professores Jonathas Serrano e Francisco Venancio Filho, publicado em 1930, bem como de *Cinema contra cinema*, de Canuto Mendes de Almeida, de 1931. Houve ainda, em 1939, a publicação de uma tese também de Canuto Mendes de Almeida, *O cinema sonoro e a educação*, escrita em função de um concurso para técnico de educação. Em 1990, Marialva Monteiro publicou "A recepção da mensagem audiovisual pela criança; em busca de um olhar antropológico diante do espectador infantil". Destacam-se ainda algumas pouquíssimas coletâneas com artigos de diversos autores sobre as relações entre o cinema, a mídia e as crianças e a publicação de textos esparsos na imprensa diária ou especializada. No mercado editorial internacional, a realidade não é muito diferente. Há muitas antologias com textos sobre as relações entre a criança e a mídia, incluindo o cinema, mas praticamente não existem trabalhos exclusivos a respeito do cinema infantil.
6. "Sexo cada vez mais cedo", Revista *IstoÉ*, 8 de abril de 2009, ed. 2056.
7. Surgida nos anos 1930, a Escola de Frankfurt foi responsável pelo início do estudo crítico da comunicação, e seus membros criaram a expressão Indústria Cultu-

ral para se referir ao "processo de industrialização da cultura produzida para a massa e os imperativos comerciais que impeliam o sistema". De acordo com essa concepção, os produtos da Indústria Cultural cumpririam o papel "de legitimar ideologicamente as sociedades capitalistas existentes e de integrar os indivíduos nos quadros da cultura de massa e da sociedade". Cf KELLNER, D., "Bevis e Butt-Head: sem futuro para a juventude pós-moderna". In: STEINBERG, Shirley e KINCHELOE, Joe. A construção corporativa da infância. Rio de Janeiro: Civilização Brasileira, 2001, p. 43-44.
8. ALTHUSSER, Louis. *Aparelhos ideológicos de Estado*. Rio de Janeiro: Graal, 1983.

CAPÍTULO I O pequeno príncipe

A história de Charles Foster Kane, contada por Orson Welles em *Cidadão Kane* (*Citizen Kane*, 1941), apresenta uma das mais fortes simbologias da infância já construídas no cinema. Durante o filme se veem poucas imagens do personagem principal enquanto criança, mas é esse período de sua vida que define o eixo de toda a trama. Os sentimentos de pureza, inocência, liberdade e fantasia, representados na figura do trenó, do qual Kane se lembra no instante da morte, são características que se repetem numa infinidade de produções cinematográficas, dos pequenos amigos de *E.T., o extraterrestre* (*E.T., The Extra-Terrestrial*, Steven Spielberg, 1982) ao garoto italiano que acompanha o drama do pai em *Ladrões de bicicleta* (*Ladri di biciclette*, Vittorio de Sica, 1948) e aos irmãos iranianos que dividem um par de sapatos em *Filhos do paraíso* (*Bacheha-Ye Aseman*, Majid Majidi, 1997).

    Presente na cinematografia de culturas tão diversas, o espírito da infância que *Cidadão Kane* evoca é, no entanto, uma invenção pouco mais velha que o próprio cinema. A infância, como a conhecemos, é produto de uma longa e lenta construção social, e continua em permanente transformação com o passar dos anos e dos séculos. O menino Kane, assim como o personagem infantil de *O garoto* (*The Kid*, 1921), de Charles Chaplin, o Tom Sawyer de Mark Twain ou a Alice de Lewis Carroll, hoje se tornaram personagens difíceis de ser encontrados na vida real. Pode-se dizer que eles sobrevivem apenas no espaço dos textos literários ou da tela de cinema, sendo possível considerá-los mais uma idealização nostálgica do que um retrato verossímil das crianças que circulam nas escolas, nas ruas, nas salas de cinema ou diante dos aparelhos de TV e dos monitores de computador. Crianças familiarizadas, em casa e na escola, com o mundo do mercado financeiro, com as patologias sociais e individuais, com os detalhes científicos das doenças e da morte, com a exploração sexual, com a corrupção e as chacinas urbanas. Crianças que compartilham, mais e mais, a realidade do mundo adulto.

Não falamos de uma mesma infância ao nos referirmos àquelas crianças que entravam nos "Nickelodeons"[1] norte-americanos para ver filmes ligeiros e mudos nos primórdios do cinema, ou às que, no Brasil dos anos 1950, viam as peripécias da boneca Emília e de seus amigos em *O saci* (Rodolfo Nanni, 1956), e aos meninos e meninas que hoje veem *O Senhor dos Anéis — A sociedade do anel* (*The Lord of the Rings — The Fellowship of the Ring*, Peter Jackson, 2001) ou *Xuxa e os duendes* (Paulo Sérgio de Almeida e Rogério Gomes, 2001). Por exemplo, os filmes baseados na trilogia de J. R. R. Tolkien, *O Senhor dos Anéis*, com sua overdose de lutas violentas, possivelmente seriam assimilados com muita dificuldade pelos pais das crianças que foram ao lançamento de *O saci*. No entanto, para o público infantil contemporâneo, trata-se de uma produção com elementos corriqueiros de violência e tensão. Nada muito mais forte do que as imagens rotineiras das demais produções de Hollywood ou dos canais de televisão que veiculam programação infantil. Desse modo, debruçar-se sobre a produção do cinema infantil significa, antes de mais nada, compreender quem é esse público ao qual o gênero se destina.

CONCEITUANDO A INFÂNCIA

O que é, afinal, a infância? Trata-se, antes de mais nada, de uma definição relativa e direcionada. A própria palavra "infância" tem origem no prefixo "in" (negação) e em "fante" (termo latino cujo significado é "falar, dizer").

Como observa Marisa Lajolo:

> Assim, por não falar, a infância não se fala e, não se falando, não ocupa a primeira pessoa nos discursos que dela se ocupam. E, por não ocupar essa primeira pessoa, isto é, por não dizer eu, por jamais assumir o lugar

de sujeito do discurso, e, consequentemente, por consistir sempre um ele/ela nos discursos alheios, a infância é sempre definida de fora.[2]

Se no início do século XX existia um público infantil claramente definido, isto é, notadamente distinto do público adulto, nos últimos anos já não é tão visível a separação entre o mundo conhecido pelas crianças e pelos adultos. Com o advento da TV por assinatura, do vídeo e da internet, romperam-se os últimos limites que restringiam o alcance das crianças a um largo espectro de filmes. As crianças têm acesso livre a uma infinidade de títulos adultos em DVD ou na rede. E avançam cada vez mais no consumo da programação televisiva noturna, com o consentimento, muitas vezes por inércia, dos pais.

A indústria de entretenimento vai incumbindo-se de levar, gradativamente, até o público infantil um mundo que lhe era vedado até há pouco tempo (ou, numa outra leitura, um mundo do qual ele era protegido). Os programas de TV tratam abertamente de todos os assuntos, não importa o horário, chegando, por exemplo, a mostrar imagens de ensaios fotográficos de revistas masculinas ou a discutir questões complexas como o aborto ou a pedofilia em programas diurnos. A internet coloca o mundo à disposição das crianças. Os telejornais falam de *serial killers*, mostram imagens de guerras, detalham sintomas de doenças mortais, contam sobre filhos que matam os pais, pais que matam os filhos, enfim, desnudam a realidade sem restrições ou fronteiras.

Na Idade Média, as crianças também tinham conhecimento de tudo que acontecia ao seu redor e participavam, ativamente, da feitura desse universo: podiam trabalhar, morar separadas dos pais e até ser condenadas à morte por crimes cometidos. Eram, em síntese, consideradas "adultos em miniatura". As pinturas do período mostram crianças em poses e roupas iguais às dos adultos, quando não participantes, pelo menos presentes em situações típicas do universo adulto segundo a concepção moderna. Por exemplo, diante delas não havia restrições ao linguajar obsceno ou mesmo a atos de conotação sexual. E, antes dessa época, a infância era simplesmente ignorada.

As transformações sociais após a Idade Média levaram à gradativa construção da vida privada dentro da sociedade. E, então, ao longo dos séculos seguintes, as crianças foram sendo recolhidas para um espaço social distinto do mundo adulto, tornaram-se objeto da proteção pública, vieram as preocupações com a sua saúde e educação, surgiu a puericultura, a pediatria, a psicologia infantil. Enfim, começou a existir a infância da forma como a cultura contemporânea a conheceu. E, hoje, pode estar sendo extinta. Ou, ainda que não se chegue a essa posição mais extremada, é inegável que a infância sofreu e está sofrendo mudanças que irão alterar substancialmente as suas características.

Um elemento que tem papel fundamental nessa transformação da infância é a tecnologia, ou melhor, a deificação da tecnologia, e a sua disseminação junto do público infantil. Como regra, as brincadeiras tradicionais da infância foram substituídas pelos games, celulares e sites da internet. Cada vez mais, a infância se torna uma experiência virtual.

> Virtualizando o jogo, estas novas tecnologias também virtualizam a infância e a socialização, pois dispensam a presença de parceiros para que ocorra o jogo de regras, uma das primeiras etapas do processo de socialização.[3]

Se não estamos diante de uma criança absolutamente "real", ou seja, que vivencia o desenvolvimento de sua personalidade no conjunto das relações sociais de cunho presencial, temos então uma criança construída virtualmente, segundo "designs" socialmente estabelecidos. Como, então, a arte e/ou a indústria de entretenimento falam a essa criança que tem a possibilidade, muito concreta, de se abster da socialização? Muito possivelmente, não é a mesma linguagem ou a mesma narrativa que era dedicada às crianças de 1900 ou da década de 1950, período de produção de *O saci*, ou mesmo da década de 1970, que, no Brasil, conheceu as adaptações cinematográficas de Maria Clara Machado (*Pluft, o fantasminha* e *O cavalinho azul*) ou do best-seller de José Mauro de Vasconcelos (*Meu pé de laranja-lima*).

Dois filmes produzidos pela Walt Disney demonstram muito claramente essa mudança. Em 1940, foi lançado o desenho animado *Fantasia* (1940).[4]

As imagens do filme foram elaboradas sobre temas tradicionais da música erudita, invertendo a prática, até então tradicional, de se sobrepor a música às imagens. Com exceção do quadro "O aprendiz de feiticeiro", que conta uma história estrelada por Mickey Mouse, e de "A sagração da primavera", construído sobre a música de Igor Stravinsky, e que descreve didaticamente os fenômenos geológicos que levaram à formação da Terra, não há narrativa no sentido clássico em *Fantasia*, prevalecendo um espírito quase conceitual ao longo do filme. Nessa obra, Disney se permitiu alternar momentos de dramaticidade e ritmo um pouco mais acelerado,[5] como em "O aprendiz de feiticeiro" ou no balé dos crocodilos e hipopótamos em "A dança das horas", com instantes de quase imobilidade como na procissão mística da "Ave-Maria", de Franz Schubert, ou na fantasia de imagens e cores em "O quebra-nozes".

No final do século XX, chegou aos cinemas *Fantasia 2000* (James Algar, 1999), uma espécie de sequência à proposta do filme original: desenhos elaborados a partir de músicas eruditas consagradas. Ao contrário do primeiro filme, realizado sob a supervisão do próprio Walt Disney, que apresentou vários trechos mais lentos e introspectivos, os quadros de *Fantasia 2000* tiveram em comum o ritmo rápido, com movimentos de imagens que lembram a velocidade dos games, bem como a beleza computadorizada que tem se tornado característica do visual televisivo, principalmente nas peças publicitárias.

Desde a origem dos desenhos animados norte-americanos (característica que se manifestou explicitamente na obra de Disney), os realizadores muitas vezes se sobrepõem aos próprios filmes, com a aparente intenção de demonstrar sua engenhosidade técnica e artística. Mas em parte significativa da produção do cinema infantil norte-americano essa tendência tem sido levada ao paroxismo. O predomínio da velocidade como componente da linguagem destinada ao público infantil possui um estreito vínculo com o ritmo adotado pelas peças audiovisuais da publicidade. Numa análise de filmes publicitários japoneses e brasileiros, voltados para o segmento infantil, Liriam Yanaze observou a prevalência da montagem veloz, que objetiva seduzir instintivamente:

> (...) é tudo muito rápido, caracterizado por um ritmo de videoclipe. Aliás, praticamente todos os comerciais de produtos como refrigerantes,

salgadinhos, brinquedos, parques de diversão, quando voltados para o público juvenil e infantil, têm essa característica. O que nos assusta é que a cada dia se torna mais rápido. Podemos observar que apenas aqueles anúncios que têm como objetivo levar o espectador a uma posição de reflexão, geralmente destinados ao público adulto, têm um ritmo mais desacelerado, mais lento.[6]

Como essas características se repetem na maioria dos desenhos animados e filmes norte-americanos produzidos nos últimos anos para o público infantil, podemos deduzir que estamos diante de um padrão de linguagem destinado às crianças para o qual importa mais a velocidade da informação do que o seu conteúdo. Filmes que falam, portanto, a uma criança que é educada para a virtualidade e para o consumo. E, mais que isso, para a absorção de conteúdos que refletem visões de mundo nascidas do mercado e do sistema.

Fantasia e *Fantasia 2000* são dois filmes que partiram da mesma ideia básica, tiveram a mesma concepção geral, mas que resultaram em duas obras inteiramente distintas, pensadas para crianças diferentes, ou inseridas em sociedades com visões divergentes a respeito de como deve ser o relacionamento da mídia e do cinema com a criança. Obviamente, a narrativa mais lenta e reflexiva dos filmes mais antigos e clássicos de Disney não os isentava da transmissão de estímulos de consumo ou do repasse de mensagens ideológicas, como comprova a própria construção do império econômico da Walt Disney Productions. Mas os recursos narrativos utilizados pelas produções atuais possuem um poder muito maior que os utilizados pelas antigas produções de Disney para "neutralizar" o senso crítico do espectador enquanto assiste aos filmes. Embora se deva ressaltar que, assim como ocorreu até recentemente no caso dos malefícios do cigarro, os estudos sobre efeitos da mídia no público infantil ainda estão longe de ser consensuais.

O APARECIMENTO E O DESAPARECIMENTO DA INFÂNCIA

O surgimento da vida privada na história da civilização ocidental foi um dos fatores que levaram ao aparecimento da infância. Afinal, a noção de privacidade é indissociável do conceito de família moderna, e este é, por sua vez, inseparável do "aparecimento" da infância. Até então, as fronteiras do público e do privado, assim como as do adulto e da criança, eram absolutamente tênues, para não dizer inexistentes. Foi somente a partir do século XVIII, com o desenvolvimento da sociedade urbana, que a vida em comunidade (enquanto agente de aprendizado, de troca, de transmissão de cultura) foi sendo substituída pelo mundo privado da vida familiar, que, por sua vez, contribuiu para a caracterização da infância como um espaço próprio. Nesse sentido, vale dizer que, sendo a noção de infância dependente do conceito de família, e ambas decorrentes da construção do espaço privado, talvez não seja exatamente a infância que caminha para o fim, mas sim a vida privada enquanto conceito buscado e protegido pela sociedade e, dentro dela, a família e a infância.

No século XVIII começaram a proliferar observações sobre a psicologia infantil, com o objetivo de aprimorar os métodos educacionais. No século seguinte, surgiram as preocupações com a saúde e a higiene infantis. Acompanhando essas transformações, no século XIX mudaram o vestuário e a própria arquitetura das casas de classe média, da burguesia e da aristocracia. As crianças passaram a ter um espaço próprio dentro das casas, mobiliado de maneira especial, e surgiu a industrialização de brinquedos adequados para essa faixa etária. Simultaneamente às mudanças no conceito das relações entre os adultos e a infância, a família foi também mudando seu papel e suas regras de funcionamento. A família de laços amplos se fechou de forma gradativa até chegar à estrutura nuclear (pai, mãe, filhos) que, na virada dos séculos XX e XXI evoluiu para outros padrões de constituição.

Philippe Ariès descreve como as relações sociais na Idade Média eram muito mais vastas do que os elos familiares que as gerações atuais conheceram. Numa casa conviviam, e às vezes se hospedavam, pais, filhos, avós, primos, amigos e até mesmo clientes. Do mesmo modo, as ruas serviam para a interação entre as mais variadas camadas sociais, permitindo a construção de um amplo espectro de relações.

No entanto, com o fortalecimento do mundo privado pela burguesia, as relações foram se reduzindo até se fecharem na família nuclear básica. Paralelamente, as crianças foram sendo também retiradas das ruas, conforme aquele espaço passou a ser considerado próprio das classes pobres e, portanto, uma ameaça à sua segurança e boa formação. Surgiram, posteriormente, os movimentos para que também os menores das classes pobres saíssem das ruas, a fim de evitar que ali encontrassem o caminho da criminalidade e da marginalidade.

No final do século XIX, criaram-se leis com o objetivo de retirar as crianças das fábricas e garantir-lhes o espaço ao qual se denominou infância, crescendo a preocupação em prepará-las para a entrada na sociedade. Se as crianças eram seres humanos diferentes dos adultos, ainda despreparadas para participar ativamente da vida social, requeria-se um sistema que lhes permitisse efetuar a transição entre as fases. Foi essa necessidade que permitiu o surgimento e o fortalecimento da instituição escola, com o objetivo de acompanhar o desenvolvimento das crianças e prepará-las para se integrar à sociedade adulta no momento adequado. Com o passar do tempo, ganhou corpo a ideia de que as famílias já não eram capazes de conduzir sozinhas a formação de suas crianças e, com base nesse conceito, o Estado foi ampliando a sua relação com as questões da infância.

O canadense Stephen Kline comenta que essa transição entre o momento em que as crianças não tinham uma caracterização diferenciada e aquele no qual passaram a contar com proteções legais e constituição das escolas, um espaço institucional próprio da infância, marca "o período em que o Estado estava não apenas prescrevendo políticas protetoras para a infância mas começando a demonstrar seu próprio 'interesse' na comunicação social com a criança".[7]

A escolarização foi um fator fundamental no processo de estruturação do conceito de infância. Inicialmente, ela aconteceu vinculada aos interesses de difusão religiosa e de preservação dos valores morais. Depois, agregou visões humanistas que foram evoluindo no correr do tempo, como o jardim de infância de Friedrich Froebel, a pedagogia Waldorf de Rudolf Steiner e o sistema de Maria Montessori.[8]

Gradativamente, as famílias foram sendo "convencidas" de sua inabilidade para oferecer uma formação integral aos filhos e a escola passou a cumprir um papel essencial na socialização das crianças. Nos últimos tempos, confrontado com uma sociedade em permanente e rápida transformação, o sistema educacional tem buscado devolver aos pais parte dessa responsabilidade.

Com não muitas exceções, o espaço da escola passou a colaborar para que as crianças fossem preparadas para se integrar ao mercado enquanto consumidoras e trabalhadoras. No caso brasileiro, encontram-se aí algumas das justificativas para a estruturação da educação escolar com vistas ao vestibular e ao mercado de trabalho desde a mais tenra infância, a alfabetização precoce, e a própria antecipação do ensino fundamental para abarcar crianças com menos de 7 anos. Em suma, como regra, a escola tendeu na maioria dos casos a sustentar a preservação da ideologia capitalista e a viabilizar a sua reprodução ao longo dos tempos e das gerações.[9]

Durante muito tempo, as crianças encontraram no vasto espaço das ruas (entendido de maneira ampla: campinhos, praças, parques públicos e similares) o campo para construção de uma cultura própria, traduzida em uma miríade de jogos e brincadeiras, de canções de roda, na criação de gírias e, enfim, em todo um manancial que dava vazão à sua imaginação e criatividade. Assim, a restrição da criança dentro de um espaço próprio no qual ela é direcionada e dirigida para sua inserção no sistema econômico da sociedade significou, também, um confinamento da criança, limitando as suas possibilidades de experimentar convivências mais amplas e de construir a sua própria cultura.[10] Esse é um processo que veio se desenrolando ao longo dos tempos, à medida que se fortalecia a privatização da vida social e, simultaneamente, cresciam os esforços para proteger e demarcar a infância dentro de limites controláveis.

Confinadas dentro de um espaço privado, com condições mais limitadas para uma livre convivência entre si, as crianças têm reduzidas suas possibilidades de construir cultura. Se a isso se adiciona também uma escolarização que propõe uma socialização e uma vivência cultural (e artística) dirigidas, sem campo para a autoexpressão, bem como uma imensa exposição aos apelos de uma mídia estruturada em torno dos valores do mercado, começa a se definir uma infância potencialmente passiva, mais disponível para absorver cultura do que para produzi-la.

> Na realidade, a produção cultural preparada para a criança mostra-lhe não aquilo que ela, criança, seleciona, mas no máximo o que o aparelho produtor julga ser do interesse dela.[11]

Produtos culturais deixam, portanto, de ser uma construção da infância para se tornar instrumentos de construção da infância. Essa observação se torna mais importante quando se considera que por trás da produção cultural não existe apenas um mundo adulto, mas o interesse de grandes corporações, cujo principal objetivo é naturalmente o lucro.

À medida que se caminhou para as últimas décadas do século XX, os elementos que caracterizavam a infância foram passando por um processo de mudanças radicais. Com relação aos brinquedos, Neil Postman registra o desaparecimento de brinquedos tradicionais e a perda da naturalidade da relação entre a criança e o brincar.[12] Cada vez mais os jogos são transformados em experiências competitivas e exigem da criança uma postura que tende ao profissional. Por sua vez, a moda iguala o vestuário das crianças ao dos adultos. É perceptível uma redução progressiva da idade com a qual os jovens têm se envolvido com crimes, inclusive violentos, e o erotismo vem sendo "vendido" pela mídia em idades cada vez mais tenras.[13]

Postman aponta a invenção da imprensa como o acontecimento histórico que desencadeou a aparição da infância moderna. Até que a criação de Gutenberg gerasse uma miríade de livros, criasse o jornalismo e, enfim, facilitasse a disseminação do conhecimento sob a forma de tinta sobre o papel, este era transmitido de forma oral e, portanto, acessível a qualquer pessoa independente de sua idade. Sabendo tudo que acontecia ao redor, a criança não tinha limites, exceto os físicos, para participar da sociedade em igualdade de condições com o adulto. Com o advento da imprensa, o conhecimento migrou da linguagem oral para os livros e jornais e o acesso a essas informações exigiu o aprendizado da linguagem escrita, isto é, da escolarização, um sistema de inserção na vida social longo e que passou a ocupar quase todo o período da infância.

A invenção dos meios eletrônicos de comunicação tornou de novo regra o compartilhamento das informações entre todos os membros da sociedade, independente da faixa etária. Diante da televisão, uma criança tem acesso ao conhecimento sobre todos os aspectos da vida humana e social, praticamente à revelia de qualquer intervenção da família ou das instituições educacionais. E como não é necessário um processo de educação para tornar a criança capaz de compreender as imagens vistas na tela, rompeu-se a fronteira que, no passado, determinou o "aparecimento" da infância. Não existindo diferenças de conhecimento entre adultos e crianças, não havendo "segredos" a serem revelados gradativamente à medida que elas crescem, na visão de Postman não se poderia mais falar em "infância".

Enquanto as crianças se "adultizam", ocorre simultaneamente uma infantilização do adulto, comportamento que pode ser observado no âmbito do vestuário, da alimentação e da linguagem. No caso do cinema, Postman nota que pessoas de todas as idades assistem às mesmas produções, como *Os caçadores da arca perdida* (*Raiders of the Lost Ark*, Steven Spielberg, 1981), *Superman, o filme* (*Superman, the Movie*, Richard Donner, 1978) ou *Harry Potter* (Chris Columbus, 2001), *O Senhor dos Anéis — A sociedade do anel* e *Homem-Aranha* (*Spider-Man*, Sam Raimi, 2002). Com essa equalização etária, paralela ao fim dos "segredos", tende a terminar também a autoridade dos adultos sobre as crianças na medida em que os primeiros não detêm mais o domínio de informações às quais os segundos não podem ter acesso.

> O mundo do conhecido e o do ainda não conhecido está ligado pela ponte do espanto. Mas o espanto acontece em grande parte numa situação em que o mundo da criança está separado do mundo do adulto, onde as crianças devem procurar entrar mediante suas perguntas. Como a mídia funde os dois mundos, como a tensão criada pelos segredos a serem desvendados diminui, o cálculo do espanto muda. A curiosidade é substituída pelo cinismo, ou pior ainda, pela arrogância. Restam-nos, então, crianças que confiam, não na autoridade do adulto, mas em no-

tícias de parte nenhuma. Restam-nos crianças que recebem respostas a perguntas que nunca fizeram. Em resumo, não nos resta mais nenhuma criança.[14]

Pode-se argumentar que a disseminação dos conhecimentos permite à criança um nível diferente de evolução, até mesmo libertando-a do domínio adulto ao qual esteve submetida por vários séculos. Porém, é imprescindível lembrar a observação de Stephanie Coontz, citada por Peter Applebome:

> (...) durante grande parte da História, as crianças não foram excluídas dos conhecimentos e da participação no mundo dos adultos. Depois foram excluídas de ambos. Agora, tentamos excluí-las da participação, mas não conseguimos excluí-las dos conhecimentos, situação muito mais anormal.[15]

Tudo isso contribui para uma redefinição do papel das crianças dentro da sociedade e da sua relação com o mundo e com a vida. Integradas ao mundo adulto, as crianças passaram, precocemente, a assumir mais responsabilidades.

> Se alguém assume responsabilidades do meio adulto desde a idade de 7 anos, manifestações físicas e psicológicas de estresse e fadiga durante a adolescência não surpreenderiam ninguém.[16]

Parafraseando Antoine de Saint-Exupéry, você se torna responsável por aquilo que conhece. Na medida em que as crianças têm acesso quase irrestrito ao conhecimento até então retido pelo mundo adulto, elas passam a compartilhar de suas tensões e preocupações. Perdem, em contrapartida, a oportunidade de vivenciar a própria infância.

UMA INFÂNCIA À MARGEM

Aqui falamos, todo o tempo, sobre uma criança de traços burgueses e/ou originária da classe média. Existem outras crianças desprovidas de infância, quer se concorde ou não com os pressupostos de Neil Postman. São aquelas que, pertencendo às camadas sociais mais baixas, estão desde cedo entregues ao trabalho precoce e à violência. Nascimento se refere "aos seres humanos aos quais, em função das condições de vida a que estão submetidos, foi negado o direito à infância", a quem ela considera como "crianças de tenra idade sem infância".[17]

O surgimento do mundo privado da família serviu também para aprofundar, ou explicitar, as diferenças sociais. Ariès menciona a segmentação, de acordo com as classes sociais, dos jogos e brincadeiras, bem como das escolas, ao contrário das antigas práticas em que a convivência era ampla e sem restrições de idade e condição social. Se por um lado essa compartimentação tornou evidente uma diferença de classes que, antes, talvez nem fosse percebida, por outro reforçou o preconceito.[18]

As crianças das classes de menor nível econômico sempre foram objetos de preocupação da sociedade, tanto numa perspectiva numérica, ao considerá-las, por exemplo, importantes no fortalecimento do poderio militar nacional dentro de um Estado nacionalista e militarista (mais crianças significava mais futuros combatentes para proteger os interesses da nação), quanto numa perspectiva de proteção das demais classes sociais. Em outras palavras, historicamente se consideraram as crianças pobres ou como contingente humano para defender os interessses das classes dominantes ou como marginais em potencial que precisavam ter sua formação tutelada pelo Estado. Na prática, essas crianças sempre foram submetidas a condições que muitas vezes as expunham a experiências similares às dos adultos.

O trabalho infantil e a falta de acesso à educação escolar são alguns dos elementos que definiram as fronteiras entre crianças e adultos nessa camada social. Um exemplo é o fato de que, no Brasil, a legislação que limita a idade mínima para acesso ao trabalho oscilou ao longo do século passado, subindo e descendo conforme predominavam os interesses econômicos sobre os sociais, ou — raramente — vice-versa.[19]

Nos dois últimos séculos, a história da infância brasileira foi a história de uma infância empobrecida. Porém, mais que isso, foi a história de uma infância tratada e pensada como marginal, propensa à criminalidade. Daí a grande maioria dos estudos e preocupações da sociedade ter se dirigido para a descoberta de fórmulas e alternativas institucionais que retirassem o jovem pobre das ruas e do destino, visto quase natural, rumo à delinquência.

Considerando esse segmento do público infantil, vale também a pergunta sobre qual é a cultura que lhe é destinada. Se essas crianças não têm, a rigor, infância, estão automaticamente excluídas do público da indústria cultural infantil e, por conseguinte, do cinema infantil? Ou perguntando de outra forma, tem outras características o cinema infantil que elas consomem? Ou, ainda, é diferente a recepção que elas fazem do cinema infantil? Essas são questões que fogem ao objeto deste trabalho, mas que nem por isso deixam de ter relevância na compreensão das relações entre a criança e o cinema.

INFÂNCIA, MÍDIA E MERCADO

Embora Postman centre o seu foco na importância da TV como o grande agente que determinou o desaparecimento da infância (segundo a sua própria terminologia), um grupo muito maior de fatores atua nesse processo. Além da televisão e do cinema, há a indústria de brinquedos, a indústria fonográfica, enfim, tudo que é produzido pela indústria cultural infantil. Um conjunto de produtos atrativos e estimulantes que, não por coincidência, é dominado em nível mundial por alguns poucos conglomerados econômicos.

Postman afirma que se um conjunto de clérigos fosse colocado no lugar dos executivos das grandes redes de TV, não haveria mudança substancial em suas programações e posturas, numa leitura ortodoxa da proposição de Marshall McLuhan de que o meio é a mensagem. No entanto, ao centrar-se apenas na televisão, Postman minimizou o papel do principal fator que explica toda a capacidade de transformação que aquele meio carrega consigo: o poder econômico. Qualquer veículo de comunicação somente sobrevive se for sustentado por empresas anunciantes ou por dotação de recursos públicos. A venda dos jornais é insuficiente para bancar sua produção. No caso de emissoras de rádio e televisão, que não têm venda de unidades, isso é ainda mais nevrálgico. E, quanto maior o porte do veículo, maiores são as verbas publicitárias que ele precisa atrair para continuar existindo e, claro, para ter mais lucros. Obviamente, não existe um plano traçado pelos grandes anunciantes ou pelas grandes redes de televisão para levar a infância ao "desaparecimento". Mas a lógica do mercado exige que todos os segmentos da população, o infantil entre eles, sejam inseridos dentro do sistema de consumo. Quanto mais horas uma criança passar diante do aparelho de TV, especialmente assistindo aos comerciais e às peças de merchandising, mais argumentos a emissora terá para conquistar e negociar com os seus anunciantes. Assim, as emissoras farão de tudo para mantê-la atenta à sua programação pelo maior tempo possível. Se isso significa fazer desaparecer ou não a infância, alterar substancialmente suas características, adultizar ou não as crianças, são questões não afeitas ao processo de funcionamento do mercado capitalista. Desde, claro, que nada disso prejudique a manutenção das crianças como um segmento específico de consumo.

São milionárias as cifras que compõem as negociações entre a televisão e seus maiores anunciantes. E é com base nos milionários negócios desse sistema econômico que têm sido estabelecidas muitas das relações internas das famílias, bem como aquelas entre as crianças e o mundo que as rodeia. Um mundo onde os valores infantis estão passando a se basear no uso de uma roupa de grife, no consumo de um filme ou game, na repetição dos gestos e danças que seus ídolos apresentam na televisão.

Stephen Kline parte da constatação de que teriam falhado as promessas dos teóricos do capitalismo, como Adam Smith, sobre a construção de um modelo que atenderia com justiça e presteza às aspirações da sociedade, uma vez que as escolhas do consumidor determinariam o que seria produzido pelo mercado e que uma "mão invisível da competição" asseguraria que essas opções individuais beneficiariam toda a coletividade com o crescimento da economia.[20] Ao mesmo tempo, Kline identifica a presença dos interesses comerciais na evolução da cultura infantil desde os primórdios da literatura destinada a esse segmento. À medida que se estabeleciam certos componentes do espaço infantil, havia sempre a presença de um eixo da produção com interesse nesse processo, fosse o mobiliário do quarto para as crianças, ou a preocupação com a saúde e a alimentação. A partir do final do século XIX e ao longo do século XX, esses interesses gradativamente se focaram, de maneira cada vez mais profissional, nos instrumentos de marketing capazes de mobilizar o consumidor para a aquisição de produtos.

Kline observa que, até o século XVII, a publicidade se restringia a poucos cartazes de rua e eventuais anúncios publicados nos jornais. A partir de então, a concorrência no mercado se encaminhou para uma especialização absoluta da área de marketing, ficando os estímulos ao consumo sob o comando de orquestradas e complexas ações de relações públicas, publicidade, merchandising, cuidados com embalagem e com os pontos de venda. Se antes o marketing voltado para o público infantil ocorria de maneira aleatória e instintiva, agora ele se tornou fruto de detalhados planejamentos e estudos sobre a infância, talvez muito mais acurados que os realizados por educadores, psicólogos e pedagogos.[21]

Kline relata as primeiras experiências dos programas infantis para crianças nos Estados Unidos, quando muitos tiveram dificuldades para se manter no ar em razão da carência de anunciantes interessados nesse público. Mais tarde, a publicidade começou a ter os pais como alvo para a venda dos produtos infantis e, finalmente, passou a visar diretamente a criança, inclusive considerando-a como influenciadora das decisões de compra de seus pais.

Em *Creating Ever-Cool — A Marketer's Guide to a Kid's Heart*, Gene Del Vecchio argumenta com os profissionais de marketing que para falar às crianças eles precisam compreendê-las e se aproximar de seu mundo. Com o objetivo de embasar a venda de produtos e serviços para crianças, ele relaciona aspectos da psicologia infantil masculina (ligada a questões de poder, luta do bem contra o mal, bravura etc.) e feminina (beleza, glamour, instinto maternal), bem como discute seus temores e fantasias, sempre fundamentado em pesquisas e exemplos concretos extraídos do cotidiano do mercado. Em um capítulo do livro no qual comenta sobre os medos das crianças, Del Vecchio afirma:

> Profissionais de marketing ajudam a solucionar medos e a confortar uma criança com *coisas*. Se as crianças estão com medo de dormir, por

exemplo, dê-lhes algo para abraçar. Se elas estão com medo do escuro, dê-lhes algo com luz. Se elas estão com medo de intrusos, dê-lhes uma forma de colocar os intrusos para fora.[22] (Grifo nosso)

O marketing clássico se baseia em quatro elementos, chamados os quatro Ps (produto, preço, ponto de venda e promoção). Cada um envolve uma infinidade de pesquisas e análises, destinadas a definir a forma mais adequada de se atender às necessidades do consumidor (e, por consequência, estimular o consumo para satisfazer a essas necessidades). É fonte para longas discussões saber que defesas tem o público em geral diante de todo esse arsenal, e elas não são o objetivo deste trabalho. Porém, diferentemente do adulto, a criança está numa fase de formação física e psicológica, ao mesmo tempo que se encontra num processo de socialização, tornando-se ainda mais sensível aos apelos da publicidade e do marketing.

> Quando as distinções eu/outro, eu/imagem, fantasia/realidade ainda são tênues, como acontece com a criança, a susceptibilidade do sujeito à imagem veiculada pelo consumo e a possibilidade de fazer coincidir o ser e o ter são ainda mais significativos e se apresentam como elementos importantes na constituição do eu infantil.[23]

Essas são reflexões fundamentais quando se pensa no cinema produzido para crianças. Em que medida essa relação estabelecida com o público infantil impacta a própria constituição psicológica da criança já é objeto de inúmeros e conflitantes estudos. Negar esse impacto, porém, significa atribuir à mídia uma neutralidade e uma inocência que ela não possui.

Kincheloe e Steinberg definem os produtos da indústria cultural infantil como ações demandadas por grandes corporações econômicas que são grandes responsáveis pela conformação da infância. O papel dos pesquisadores, em sua visão, seria o de encontrar nos produtos oferecidos pela indústria cultural e pela mídia os elementos que traduzem a visão do poder político hegemônico associado às ideologias e valores das grandes corporações empresariais.[24]

Nem todo mundo concorda com essa posição. Uma importante linhagem de pesquisadores norte-americanos e ingleses advoga que as crianças devem ser vistas, prioritariamente, como agentes ativos que conseguem estabelecer diálogo com os diversos estímulos que o mundo à sua volta lhes oferece. Esses pensadores consideram que "os significados da cultura popular podem ser ativamente negociados por seus fãs" e, dentro desse raciocínio, as crianças "são vistas como participantes historicamente situados que ativamente colaboram na produção e negociação dos significados culturais", numa linha mais próxima das ideias de Gramsci do que da Escola de Frankfurt.[25]

O inglês David Buckingham, por exemplo, volta suas baterias contra Postman, Kincheloe e Steinberg e outros que criticam abertamente os efeitos nocivos dos meios de comunicação sobre o público infantil, chegando a qualificar de autoritárias as linhas que defendem uma educação das crianças para que estas possam decodificar a mídia e suas relações políticas e econômicas. Nesse sentido, ele se alia à posição de Kinder, Zipes e outros, que atribuem à criança (tanto quanto ao adulto) a capacidade de dialogar e interagir com a mídia, encontrando seus próprios padrões de recepção e de prazer. Mas, por outro lado, o próprio Buckingham critica o otimismo exagerado, excessivamente confiante nas benesses do capitalismo, de vários outros ensaístas que veem a mídia como um canal pelo qual a criança conquista poder, alguns dos quais chegam a advogar o direito de a criança ter livre acesso a todos os produtos da mídia e da indústria cultural, sem a interferência do adulto. Buckingham considera que "esses autores ignoram amplamente questões práticas sobre como essas tecnologias são desenhadas, produzidas e colocadas no mercado, e como elas são realmente usadas pelas crianças reais".[26]

O ponto-chave ignorado — ou minimizado — por essa visão está no fato de que quando falamos em indústria cultural e mídia, estamos automaticamente nos referindo a estratégias econômicas (embora Buckingham admita a importância desse fator). Assim a questão passa a ser o tipo de diálogo que pode ser mantido entre um espectador/consumidor (no caso, uma criança) e uma indústria trabalhando com refinados instrumentos de sensibilização e convencimento. Se a intervenção adulta no sentido de "orientar" a criança a se mover na floresta da mídia e da indústria cultural é considerada por alguns autores um ato autoritário, o mesmo não se aplicaria em grau muito maior à dominação ideológica realizada pela mídia e pela indústria cultural, que são, obviamente, controladas por adultos?

Segundo Jean Piaget, na primeira infância, que vai dos 2 aos 7 anos, a criança começa a efetuar trocas com o mundo exterior, através do domínio crescente da palavra. Ela interage com os adultos e com as outras crianças. Nessa fase, tem também início uma relação de subordinação ao mundo adulto:

> Com a linguagem, a criança descobre as riquezas insuspeitas de um mundo de realidades superiores a ela; seus pais e os adultos que a cercam lhe aparecem já como seres grandes e fortes, como fontes de atividades imprevistas e misteriosas. Mas agora esses mesmos seres revelam seus pensamentos e vontades, e este novo universo começa a se impor com sedução e prestígio incomparáveis.[27]

Se considerarmos que no mundo midiático não existem mais apenas parentes e adultos, bem como os outros companheiros de faixas etárias próximas, circundando a vida social da criança, mas sim um leque de seres virtuais consubstanciados na televisão, na internet e, em menor escala, no cinema, podemos concluir que o mundo adulto que a envolve com "sedução" e "prestígio" abrange um universo muito maior. Como no mundo da mídia uma infinidade de seres virtuais convive com a criança diariamente na tela de TV, ou no universo ainda mais mágico dos filmes, criando para si mesmos uma imagem mítica a ser respeitada e amada, surge a dúvida sobre quem de fato está apresentando valores e conceitos éticos às crianças contemporâneas. Ao contrário da relação com os adultos, na perspectiva piagetiana, não existe uma ligação de obediência e de temor da criança em relação à mídia, ou melhor dizendo, aos adultos que compõem o universo visível da mídia. Mas, conforme a mídia se insere na vida familiar como uma presença real, ela passa a interferir nesse processo e também a introduzir valores nessa espécie de "pré-moral" sobre a qual se assenta a criança da primeira infância.

De acordo com pesquisas efetuadas por Comstock e Paick, em 1991, "crianças de 14 e 24 meses podem imitar o que elas veem na TV, até mesmo 24 horas depois".[28] Já a partir dos 7 anos, o psiquismo da criança se encontra pronto para avançar para a sedimentação do raciocínio lógico.[29] Não por coincidência, algumas pesquisas apontam que somente nessa faixa a criança consegue realmente compreender, ainda que não completamente, como as questões econômicas se processam à sua volta.[30]

Assim, é interessante notar que mesmo um manual de marketing voltado para o consumo infantil, *What Kids Buy and Why*, de Dan S. Acuff (que detalha as características de cognição, percepção e necessidades de cada faixa etária, analisando as oportunidades que elas criam para se estabelecerem produtos, anúncios e estratégias mercadológicas), ressalta a susceptibilidade de crianças entre 3 e 7 anos no que se refere à recepção de valores:

> Crianças desse estágio de desenvolvimento são particularmente vulneráveis ao que está sendo ensinado pelos super-heróis. Por exemplo, se eles são Power Rangers ou estrelas do World Wrestling Federation. Se esses heróis de fantasia "ensinam" — através de suas ações — a resolução violenta de conflito, por exemplo, isto é exatamente o que a criança pode adotar como seu próprio código de ética e comportamento. "Afinal, foi assim que o super-herói fez!"[31]

Acuff, numa postura que, infelizmente, não é padrão em estudos de marketing para o público infantil, observa que:

> Para o bem e para o mal, a criança entre 8 e 12 anos é ainda maleável e aberta a influências. Ela não tem ainda o ego firme ou autossenso para pensar por si mesma muito efetivamente. Sensibilidade para este fato é importante. Estrategistas devem tomar cuidado com algumas implicações morais comunicadas através de seu produto, programa, e conteúdo de anúncios.

Acuff e Reiher, respectivamente presidente e vice-presidente (quando da primeira edição de seu livro) de uma agência especializada em crianças, a Youth Market System Consulting, dedicam algumas páginas à discussão das questões éticas de um publicitário frente à criança:

> Esses produtos e programas que eu estou desenvolvendo e planejando em termos de marketing — são esses os tipos de produtos ou programas que eu gostaria que meu próprio filho tivesse, assistisse ou com que brincasse? Se a resposta é 'sim', então vá em frente com tudo que você tem. Se não, então não prossiga.[32]

A questão é que, muitas vezes, os próprios profissionais que atuam em publicidade ou no marketing das grandes corporações se encontram tão absorvidos pelas engrenagens do sistema que nem sempre é natural a aplicação daquela reflexão básica proposta por Acuff e Reiher.

> Entretanto, por mais que esses deveres e obrigações da mídia sejam lembrados e defendidos pelos conselhos de ética profissionais (com seus respectivos códigos), por entidades políticas ou jurídicas, por organizações não governamentais que atuam na esfera pública e pelos próprios leitores e espectadores — os mais atentos e descontentes —, eles são continuamente subjugados pela pressão econômica e pelos interesses estratégicos manejados na guerra pela audiência e na disputa com a concorrência.[33]

Longe de atribuir um papel apocalíptico à indústria cultural, Douglas Kellner identifica que seus produtos trazem consigo elementos que incentivam a manutenção do *status quo*, mas também oferecem "recursos que podem fortalecê-los na oposição a essa mesma sociedade".[34]

Nem sempre os conteúdos transmitidos pela indústria cultural (e, dentro dela, pelo cinema) são elaborações originadas apenas pela transmissão da ideologia dominante por parte das corporações ligadas à sua produção (embora, é claro, sempre se esteja realizando, de uma forma ou de outra, a transmissão de uma determinada ideologia), como nota Steven Spielberg:

> O fato de os jovens, em sua maioria, gostarem de ver pancadaria e sangue espirrando na tela aumenta a responsabilidade dos que trabalham na indústria do entretenimento — é comum que se lance mão da violência apenas para rechear filmes e programas com roteiros e conteúdos pobres.[35]

Porém, de maneira geral, será sempre possível identificar a convergência de interesssses financeiros imediatos ou vinculados ao sistema econômico nas produções culturais destinadas às crianças, seja na busca dos resultados nas pesquisas de audiência, seja na transmissão ou retransmissão de valores consumistas, machistas, racistas ou de classe que atendam a objetivos das classes dominantes ou das grandes corporações.

Cada vez mais a infância se aproxima e se mistura ao mundo adulto. Serve como exemplo a mudança da perspectiva com que se vê a penalização criminal de crianças. Nas últimas décadas do século XX, na maioria dos países a criança não podia ser imputada penalmente até os 18 anos, mas a virada do novo século assistiu a uma alteração dessa visão. Na Inglaterra, houve a redução da idade penal para 10 anos, sendo oferecido o mesmo tratamento ao criminoso adulto e infantil. Nos Estados Unidos, embora cada estado tenha uma legislação distinta, prevalece a maioridade penal a partir dos 18 anos, porém os infratores menores vão a julgamento similar ao dos adultos por meio de um tribunal especial.[36] Movimentos na América Latina têm buscado a redução da idade penal para 14 anos, inclusive no Brasil. Se lembrarmos que Postman relata até casos de enforcamentos oficiais de crianças na Europa medieval pelas mais diversas acusações, encontramos mais uma evidência de um retrocesso à visão de infância de séculos passados.[37]

Neil Postman indica o período posterior à invenção da imprensa como o marco do surgimento da infância. Mas é possível levantar a dúvida se esse marco histórico significou realmente a "invenção" da infância ou apenas a sua descoberta. Por exemplo, se por um lado as pesquisas realizadas por Jean Piaget são criticadas por alguns em razão de sua ausência de inserção histórica, por outro alguns estudos contemporâneos apontam para a presença de elementos similares em expressões artísticas de crianças dentro de uma mesma faixa etária, em países de cultura muito diferenciada, desde que executadas com absoluta espontaneidade, nos termos em que propunham Herbert Read[38] ou Rudolf Steiner.[39] Chega-se, assim, a mais um paradoxo que, longe de facilitar, torna ainda mais complexo (e, por consequência, mais fascinante) o desafio de fazer e de pensar o cinema para crianças.

Enfim, é para essa criança múltipla e em transformação, cada vez mais se confundindo com o receptor adulto, que é criado e disseminado o que se denomina cinema infantil. Se ao longo dos últimos séculos ela foi reconhecida como uma categoria diferenciada, estudada minuciosamente em seus aspectos psicológicos, pedagógicos e sociais, compreendê-la é um passo essencial também para se compreender os produtos culturais que a elas são destinados, entre os quais, naturalmente, se encontra o cinema.

Notas

1. Teatros usados para a exibição de filmes, que no início do século XX disseminaram-se pelos Estados Unidos e foram os precursores das salas de cinema. Seu nome faz referência ao preço habitual de cinco cents cobrados pelo ingresso.
2. LAJOLO, Marisa. "Infância de papel e tinta". In: FREITAS, Marcos Cezar. *História social da infância brasileira*. São Paulo: Cortez, 1997.
3. NASCIMENTO, M. E. P. *Do adulto em miniatura à criança como sujeito de direitos: a construção de políticas de educação para a criança de tenra idade na França*. Tese de doutorado. Campinas: Faculdade de Educação, Universidade Estadual de Campinas, 2001, p. 149.
4. *Fantasia*, como todos os trabalhos de Disney, é um bom palco para polêmicas. Ele é citado por vários autores norte-americanos como um espetáculo cujo caráter alienante foi oportuno diante da participação dos Estados Unidos na Segunda Guerra Mundial. Salles Gomes, por sua vez, afirmou que admirava as obras anteriores de Disney e, a partir de *Fantasia*, desinteressou-se pelo seu trabalho, uma vez que as formas cinematográficas naquele filme teriam perdido seus conteúdos rítmicos originais, substituídos pela música, um ritmo exterior ao cinema. Cf. GOMES, Paulo Emílio Salles. "Contra Fantasia". In: CALIL, Carlos Augusto e MACHADO, Maria Teresa (orgs.). *Paulo Emílio:* Um intelectual na linha de frente. São Paulo/Rio de Janeiro: Brasiliense/Embrafilme, 1986, p. 145-148. Vale notar, opondo-se a essa visão, que a música é um dos elementos que compõem a linguagem cinematográfica, e que *Fantasia* contribuiu para alterar significativamente as relações entre cinema e música. Da necessidade de justapor movimentos de imagem aos movimentos preexistentes da música nasceu um absoluto casamento entre música e imagem no cinema de Hollywood, cada variação na tela implicando uma nuança de orquestração, que permitiu a existência de um *Guerra nas estrelas* (*Star Wars*, George Lucas, 1977), onde um mínimo volteio das

espaçonaves corresponde a uma variação perceptível das notas compostas pelo maestro John Williams. Esse era um expediente que já existia muito antes de *Fantasia*, mas que se rejuvenesceu com essa produção de Disney. Visão também oposta à de Gomes foi a do autor de literatura infantil Monteiro Lobato, que afirmou: "Diante da dança dos cogumelos chineses, das manobras da fada do orvalho, da tradução em desenho do pensamento dum Stravinski ou dum Beethoven, da prodigiosa sátira à 'Dança das Horas' de Ponchielli, do jogo de dois extremos, como a bolha e o elefante, da disneyzação da família de Pégaso e do clã dos centauros, a atitude do espectador torna-se cômica. Temos que abrir a boca e conservar-nos mudos. Tudo quanto tentarmos dizer com as convencionais e velhas palavras da admiração torna-se grotesco." LOBATO, Monteiro. "O grande criador". In: *Figuras do Brasil: 80 autores em 80 anos de Folha*. São Paulo: Publifolha, 2001.

5. *Fantasia* teve como diretores James Algar, Norman Ferguson, Jim Handley T. Hee, Wilfred Jackson, Hamilton Luske, Bill Roberts, Paul Satterfield e Ben Sharpsteen. Mas, como na maioria das produções de Disney, é difícil separar o que seria o trabalho dos diretores envolvidos das contribuições criativas do produtor.
6. YANAZE, L. L. H. "A linguagem publicitária dirigida ao público infantil nos contextos brasileiro e japonês". In: GHILHARDI-LUCENA, M. I. e BARZOTTO, V. H. (orgs.). *Nas telas da mídia*. Campinas: Alínea, 2002, p. 163.
7. KLINE, S. *Out of the Garden: Toys and Children's Culture in the Age of TV Marketing*. Londres: Verso, 1993.
8. KLINE, S., *op. cit.*, p. 50.
9. ALTHUSSER, Louis. *Aparelhos ideológicos de Estado*. Rio de Janeiro: Graal, 1983.
10. PERROTTI, E. *Confinamento cultural, infância e leitura*. São Paulo: Summus Editorial, 1990. p. 97.
11. *Ibidem*, p. 98.
12. POSTMAN, N. *O desaparecimento da infância*. Rio de Janeiro: Graphia Editorial, 2002.
13. *Princesas precoces*, Revista *Veja*, 1º de novembro de 2000, ed. 1673.
14. POSTMAN, N., *op. cit.*, p. 104.
15. COONTZ, S. *Apud* APPLEBOME, P. "Conceito de infância passa por transformação". *O Estado de S. Paulo*. São Paulo, 25 de maio de 1998, p. A-10.
16. KINCHELOE, J. "Esqueceram de mim e bad to the bone: o advento da infância pós-moderna" In: STEINBERG, S. e KINCHELOE, J. *A construção corporativa da infância*. Rio de Janeiro: Civilização Brasileira, 2001, p. 78.
17. NASCIMENTO, M. E. P., *op. cit.* p. 16.
18. ARIÈS, Philippe. *História social da criança e da família*. 2. ed. Rio de Janeiro: LTC Editora, 1981, p. 196.
19. FALEIROS, V. de P. "Infância e processo político no Brasil" In: *A arte de governar crianças*. Rio de Janeiro: Instituto Interamericano del Niño/Editora Universitária Santa Úrsula/AMAIS Livraria e Editora, 1995, p. 234.

20. KLINE, S., *op. cit.* p..
21. KLINE, S., *op. cit.*, p. 18-19.
22. DEL VECCHIO, G. Creating Ever-Cool: *A Marketer's to a Kid's Heart*. Gretna: Pelican, 2002., *op. cit.*, p. 66.
23. GARCIA, Cláudia Amorim; CASTRO, Lucia Rabello; SOUZA, Solange Jobim. *Infância, cinema e sociedade*. Rio de Janeiro: Ravil, 1997.
24. STEINBERG, Shirley e KINCHELOE, Joe, *op. cit.*, p. 27.
25. KINDER, Marsha. "Kid's Media Culture: An Introduction" In: KINDER, Marsha (org.), *Kid's Media Culture*. Durham: Duke University Press, 1999, p. 26.
26. BUCKINGHAM, David, *op. cit.*, p. 54.
27. PIAGET, Jean. *Seis estudos de psicologia*. Rio de Janeiro: Forense-Universitária, 1987. p. 25.
28. ACOSTA-ORJUELA, Guillermo Maurício. *15 motivos para "ficar de olho" na televisão*. Campinas: Editora Alínea, 1999, p. 113.
29. PIAGET, Jean, *op. cit.*, p. 44-45.
30. ACOSTA-ORJUELA, Guilhermo Maurício. *op. cit.*, p. 28-29.
31. ACUFF, D. S. e REIHER, R. H. *What Kids Buy and Why: The Psychology of Marketing to Kids*. Nova York: The Free Press, 1997, p. 77-78.
32. *Ibidem*, p. 25.
33. GUIMARÃES C. "A mídia e a Medusa: as imagens televisivas e a ética". *Diversa: revista da Universidade Federal de Minas Gerais*, ano 2, n° 4, 44/45, Belo Horizonte: maio 2004.
34. KELLNER, D., *op. cit.*, p. 11-12.
35. SPIELBERG, Steven. *Veja*, 25 de fevereiro de 1998, n. 8, p. 11. In: ACOSTA-ORJUELA, Guillermo Maurício, *op. cit.*, p. 103.
36. PRATES, M. C. e ODILLA, F. "Reféns do crime". *Estado de Minas*, Belo Horizonte, 6 de junho de 2003, p. 21.
37. POSTMAN, N., *op. cit.*
38. READ, Herbert. *A educação pela arte*. São Paulo: Martins Fontes, 2001.
39. LANZ, Rudolf. *A pedagogia Waldorf: caminho para um ensino mais humano*. São Paulo: Antroposófica, 1979.

CAPÍTULO II   A lanterna mágica

AS NARRATIVAS INFANTIS

No filme alemão *A história sem fim* (*Die Unendliche Geschichte*, Wolfgang Petersen, 1984) o garoto Bastien, órfão de mãe, enfrenta a solidão mergulhando num livro mágico que encontra na biblioteca de sua cidade. Através das páginas do livro, o menino entra num mundo chamado Fantasia, povoado por princesas, árvores encantadas, dragões e uma forma imprecisa e ancestral de terror, a que se denomina *Nada*. Caso ímpar de filme infantil europeu a romper, em grande escala, as fronteiras de seu país de produção, *A história sem fim* foi baseado numa novela de Michael Ende,[1] um dos mais criativos escritores europeus de literatura infantojuvenil, cujo trabalho possui uma profunda relação com o universo simbólico dos contos de fadas. Além de abordar o processo de crescimento e liberdade da mente infantil dentro do universo de sua imaginação, de maneira análoga aos contos clássicos, o filme de Petersen (e o livro de Ende) toca numa questão fundamental para o desenvolvimento da criança: a relação com o universo da narrativa e as suas conexões com o mundo real.

Muito antes de o cinema, pelo menos em parte, substituir o universo ficcional dos livros infantis (aliás, antes mesmo da existência dos próprios livros), a narrativa já fazia parte da experiência humana. E não era restrita apenas às crianças, uma vez que durante séculos a sociedade ocidental não conheceu uma distinção efetiva entre a infância e o mundo adulto. Assim, há milênios, em algum momento, um homem (ou uma mulher) assentou-se junto da fogueira, dentro de uma caverna, para contar as suas aventuras e desventuras num dia de caça.

Vieram desses tempos as narrativas conhecidas como literatura primordial, que sobreviveram na transmissão, por gerações e gerações, passando de um povo a outro e sendo preservadas pela memória da coletividade. Essas narrativas difundiram-se oralmente até chegarem à Idade Média, estando na origem dos contos folclóricos, das narrativas medievais arcaicas e, também, da literatura infantil. Nesse processo, elas foram sendo transformadas em cada cultura, embora muitas vezes preservando as raízes comuns que lhes deram origem.[2] À medida que iam sendo adaptadas pelas culturas de cada povo, as histórias iam assimilando as experiências que essas populações experimentavam no correr dos tempos.

Os trabalhos de Chaucer e Boccaccio criaram as condições iniciais para o surgimento do que viria a ser chamado de contos de fadas.[3] Posteriormente, escritores italianos realizaram o que Jack Zipes denomina "sinais formativos" daquele gênero literário, com o lançamento de *La Piacevoli Notti* (1550-1553), de Giovan Francesco Straparola, e de *Lo Cunto de li Cunti*, mais conhecido como *Il Pentamerone* (1634-1636), de Giambattista Basile.[4] Um dos primeiros livros impressos para crianças foi a obra do educador tcheco John Amos Comenius, *Orbis Sensualium Pictus* (*O mundo visível em gravuras*), de 1658, feito com intenções didáticas e que se tornou, também, o primeiro livro ilustrado para o público infantil.[5] Mas, pontualmente, a literatura infantil surgiu na França com os trabalhos de La Fontaine (*As fábulas*, 1668), a quem coube o mérito de ter reunido, pela primeira vez, os contos que circulavam pela cultura oral, já caracterizados com o verniz das fronteiras regionais, no caso a francesa. Décadas mais tarde, apareceu o trabalho de Charles Perrault (*Contos da Mãe Gansa*, 1691/1697), e, da mesma forma que em La Fontaine, as crianças também não eram o seu "público-alvo". Assim, se antes a literatura oral trafegava livremente junto a crianças e adultos, as versões escritas da narrativa tradicional dirigiam-se sobretudo para um público mais velho, e foi somente na terceira versão de seus contos que Perrault começou a se voltar para os leitores infantis, com a intenção de diverti-los e, ao mesmo tempo, contribuir com a sua formação.

Mais ou menos simultaneamente à publicação dos livros de Perrault, a baronesa Marie D'Aulnoy lançou os *Contos de fadas* (1696/1699), obra igualmente destinada à leitura pelos adultos, e que terminou batizando o gênero, e Fénelon publicou *Telêmaco* (1699). Seguiram-se outros lançamentos dentro da mesma vertente, entre os quais se destacaram: *Obras misturadas* (1696), de Mlle. L'Héritier (sobrinha de Perrault); *A rainha das fadas* (1698), de Preschac; e *As mil e uma noites*, contos orientais lançados na Europa por Galland. A partir daí, os contos de fadas ganharam um sucesso crescente que continuou até o final do século XVIII.[6]

Entretanto, é necessário estabelecer uma ressalva com relação à maioria dos contos de fadas que circulavam nesse período. Em primeiro lugar, foi a partir da invenção da imprensa que os contos não somente puderam ser reproduzidos de uma maneira mais "padronizada", mas principalmente começaram a circular entre a elite da sociedade. Se antes tais narrativas consistiam numa prática oral basicamente popular, foi somente depois de Guttenberg (não por coincidência, o momento ao qual Neil Postman atribui o "nascimento" da infância) que os contos de fadas tornaram-se socialmente aceitos e consumidos. Nesse processo, porém, a sua transformação e adaptação ocorreu de maneira nem sempre respeitosa com os relatos originais. Perrault e La Fontaine, por exemplo, introduziram elementos pessoais nos contos coletados, além de misturá-los a várias narrativas de sua autoria.

Com a transcrição literária, os contos de fadas e as histórias tradicionais perderam ainda alguns de seus atributos naturais, como o contato direto entre o narrador e o público, bem como a possibilidade de transformação que as narrativas experimentavam através da transmissão oral pelas diversas culturas. Vale observar que as histórias variavam não apenas de cultura para cultura, mas de narrador para narrador, este último uma figura que introduzia suas percepções pessoais da receptividade do público e do próprio conteúdo da narrativa. Por outro lado, paradoxalmente, o seu "congelamento" na forma escrita permitiu que eles se sedimentassem, preservando para a posteridade muitos de seus componentes originais.

A literatura infantojuvenil ganhou um novo alento na Inglaterra do século XVIII, com o lançamento de *Robinson Crusoé* (1719), de Daniel Defoe, e *Viagens de Gulliver* (1726), de Jonathan Swift. Embora ainda não fossem destinados prioritariamente às crianças e aos jovens, essas obras definiram as raízes de uma nobre linhagem de livros de aventura que influenciariam a literatura infantojuvenil no século XX e dominariam o cinema infantil a partir de seu nascimento.

Os contos de fadas recuperaram, novamente, o seu elo com o mundo da literatura através do trabalho realizado na Alemanha pelos irmãos Grimm entre 1812 e 1822. As suas coletâneas de contos preservaram a tradição da cultura oral, mas de forma literariamente retrabalhada. Ao contrário de seus antecessores, os Grimm tiveram as crianças como as destinatárias principais de sua obra, e publicaram o resultado de sua pesquisa no volume *Contos de fadas para crianças e adultos* (*Kinder-und Hausmärchen*).

Outro escritor cujo trabalho esteve intimamente ligado à infância no século XIX foi Hans Christian Andersen. Dinamarquês, buscou em suas origens nórdicas os elementos para a construção de sua literatura, também voltada para os leitores infantis. Mas, diferentemente dos irmãos Grimm, Andersen foi sobretudo um criador, que, embora buscando inspiração na tradição oral, lançou mão da própria imaginação para escrever contos que se tornaram clássicos.

Os contos de fadas, as histórias de aventura, o maravilhoso e a magia são todos elementos de constante presença no cinema infantil. Basta relembrar o grande número de romances e contos clássicos adaptados para a tela desde o nascimento do cinema, a começar por *Viagem à Lua* (*Le Voyage dans la Lune*, 1902), de Georges Méliès, um dos primeiros filmes realizados.

Mesmo os filmes baseados em roteiros originais pagaram e ainda pagam um tributo à tradição dessa literatura. Com raras exceções, são os mesmos recursos, as mesmas abordagens, os mesmos climas e efeitos que se repetem, renovados ou não, diluídos ou não. Assim, poderíamos afirmar que se a literatura infantil nasceu da narrativa oral, o cinema infantil nasceu da literatura infantil. Conhecer os meandros e a própria história desse gênero literário é, assim, passo fundamental para compreender a estrutura e a história do cinema produzido para as crianças.

OS PRIMÓRDIOS DO CINEMA INFANTIL

Pouco tempo depois que a exibição de *A chegada do trem na estação* (*L'arrivée d'un train en gare de la ciotat*, 1895), dos irmãos Lumière, marcou o início da história do cinema, um outro filme dos mesmos realizadores contava a história de um jovem que brinca com um jardineiro. O rapaz pisa numa mangueira e interrompe o fluxo de água, que então jorra no rosto do homem, criando assim uma das primeiras *gags* do cinema. Esse pequeno curta-metragem, *O regador regado* (*L'arroseur arrosé*, 1895/1897), é considerado por alguns autores o primeiro filme infantil conhecido. Não é uma criança o personagem do filme, mas estão ali elementos como o humor pueril, a brincadeira e o espírito lúdico que mais tarde caracterizariam o gênero.[7]

Em sua sequência vieram uma série de trabalhos inspirados em clássicos da literatura infantojuvenil, como os filmes de Georges Méliès: *Cinderela* (*Cendrillon*, 1899), *Barbe Bleue* (1901), *O Chapeuzinho Vermelho* (*Le Petit Chaperon Rouge*, 1901), *Viagem à Lua* (*Le voyage dans la Lune*, 1902), *Les Royaumes de Fées* (1903) e uma refilmagem de *Cinderela* (*Cendrillon* ou *La pantoufle mystérieuse*) em 1912. E quando se pensa em termos de longas-metragens, é também fácil identificar nos primórdios do cinema produções que poderiam ser enquadradas como filmes infantis, a começar por vários trabalhos de Charles Chaplin, a exemplo de *O garoto* (*The Kid*, 1921).

Desde cedo o manancial de histórias destinadas ao público infantil e juvenil serviram de inspiração para muitos realizadores. Em 1903, já surgia uma adaptação de *Alice no país das maravilhas* (*Alice in Wonderland*, Hepworth),[8] e em 1911, *Pinóquio* chegava às telas em uma versão de Cesare Antamaro. A esses podem também ser acrescentados os trabalhos do francês Ferdinand Zecca:[9] *Ali Babá e os quarenta ladrões* (*Ali Bab et les quarenta voleurs*, 1902) e *Alladin* (1906). Fundamental também para a inter-relação entre as histórias de fantasia e o cinema foram os filmes de Winsor McCay, que trabalhou com cartoons e animações como *Little Nemo in Slumberland* (1911) e *Gertie the Dinosaur* (1914).

Douglas Street, na introdução de um livro que examina as relações entre cinema e literatura infantil, registra que perto do final da década de 1920 já haviam sido realizadas ao menos "sete versões cinematográficas de *Um conto de Natal* (*A Christmas Carol*), de Charles Dickens (cinco delas antes de 1915), quatro exemplares de *Alice in Wonderland*, começando com a versão de Cecil Hepworth em 1903, três *Robinson Crusoé* e três *David Copperfield*. Complementando, houve duas adaptações de *Oliver Twist* e mais duas dos *Pickwick Papers*, de Dickens, de *Tom Sawyer* e *O príncipe e o mendigo* (*The Prince and the Pauper*), de Mark Twain, e de *A ilha do tesouro* (*Treasure Island*), de Stevenson". Ele cita ainda as produções *Mulherzinhas* (*Little Women*) e *20 mil léguas submarinas* (*20.000 leagues under the sea*), entre outras ocorridas naquele período.[10]

Pensando em termos simbólicos, não é um despropósito estabelecer uma relação íntima entre o próprio cinema e o mundo infantil. A começar pela denominação de uma das tecnologias antecessoras do cinema, a "lanterna mágica", que remete a elementos do fabulário clássico infantojuvenil. É como se, por trás daqueles aparatos que inicialmente não passavam de curiosidades de feiras, salões e parques de diversão, estivesse implícito o seu componente de magia. Pessoas e coisas se movendo num pedaço de pano ou numa parede carregam algo de fantasia, assim como o teatro de sombras, que também foi uma tradicional brincadeira infantil. E magia é um termo que, desde o século anterior, ocupou muito mais o círculo de referências das crianças que dos adultos.

Mas o lado mágico da nova arte levou a maioria dos artistas dessa primeira fase da história do cinema a se concentrar em especial na tecnologia em si. A falta de priorização do conteúdo está relacionada a outra característica muito especial que marcou esse gênero de filmes no início do cinema: nenhum deles foi produzido tendo em mente a criança como destinatária final, mesmo quando se trabalhava sobre materiais como os contos de fada. Ou seja, embora fossem filmes que poderiam se encaixar no conceito atual de filme infantil, não era esse o objetivo de seus produtores.

Na realidade, durante muito tempo as crianças foram pouco lembradas como espectadores, embora quase sempre estivessem presentes no público, inclusive merecendo sessões especiais. Em certo sentido, nessa fase da história do cinema, no que tange à produção, voltava-se aos séculos onde não se faziam distinções entre o mundo da infância e o mundo do adulto. E, por outro lado, de forma não intencional, esboçava-se uma tendência que, décadas mais tarde, acabaria sendo um dos elementos dominantes da produção cinematográfica de Hollywood: o filme familiar.

Mas, afinal, o que é um filme infantil? A princípio, vale a definição óbvia: trata-se daquela obra destinada ao segmento de público que se encontra na faixa etária conceituada como sendo a infância. No entanto, as mudanças vertiginosas das práticas sociais que vêm acontecendo nas últimas décadas têm tornado maleável esse tipo de definição. As crianças não veem mais, necessariamente, apenas os filmes caracterizados como próprios para sua idade, podendo ter acesso a qualquer tipo de produção através de tecnologias como a TV, a internet, o DVD ou as mídias digitais. Dessa forma, caracterizar um filme infantil pode ser uma proposta quase impossível de ser realizada.

Buscando elucidar as diferenças entre o filme familiar e o filme infantil propriamente dito, Cary Bazalgette e Terry Staples observam que o filme infantil (em oposição ao filme familiar) "pode ser definido como aquele que oferece principal ou inteiramente um ponto de vista infantil. Eles tratam de interesses, medos, apreensões e temas da criança em seus próprios termos". Aqueles autores identificam as origens do filme familiar nos Estados Unidos e do filme infantil na Europa.[11] As diferenças entre os dois "gêneros" fazem com que o filme familiar possa ser "embalado comercialmente", garantindo um retorno financeiro não apenas em seu país de origem mas em outras regiões, ao passo que o filme infantil normalmente permanece restrito às fronteiras de sua produção e tradicionalmente depende, para existir, de subsídio público.

Poderíamos tentar definir o filme infantil como aquele que tem a criança como personagem principal e que se desenvolve a partir de um olhar infantil sobre a realidade. É importante notar que é possível encontrar nesse tipo de filme apenas um olhar que se pretende infantil, na medida em que — exceto em trabalhos com crianças na direção e na produção — a visão do filme será, sempre, a do realizador adulto.

Mas esse tipo de discussão não existia no início da história do cinema. Naquele tempo, as crianças não eram importantes do ponto de vista da lógica da produção. Existia o pressuposto de que não compensava economicamente produzir filmes para públicos tão específicos.

Somente a partir do surgimento do cinema sonoro é que começa a vingar a ideia de um cinema voltado para as crianças, uma vez que muitos dos filmes então existentes passam a ser considerados impróprios para o público infantil, seja pelo excesso de diálogos, seja pela temática adulta ou considerada imoral.[12]

CRIANDO UM PÚBLICO ESPECÍFICO

Na verdade, antes do cinema infantil, nasceu a plateia infantil. Embora não houvesse ainda filmes produzidos com exclusividade para esse público, começaram a ser realizadas nos Estados Unidos e na Inglaterra sessões especiais durante o dia. Dessas sessões originaram-se as matinês nos fins de semana, prática que se manteve até poucas décadas atrás, inclusive no Brasil. Mas na origem da criação dessas sessões dedicadas às crianças não estavam considerações sobre a sua especificidade, e sim interesses de cunho financeiro. O horário usado para as matinês constituía uma faixa habitualmente pouco frequentada pelo público tradicional das salas de exibição. Ao mesmo tempo, se reduzia a presença nos horários noturnos de espectadores que pagavam ingressos de menor valor (as crianças). Essa prática, na Inglaterra (e, talvez, por extensão, no resto do mundo), não nasceu de uma visão "sentimental" em relação à criança, mas da simples consideração de que ela ocupava menos espaço e podia, assim, ser mais comprimida no público, uma vez que ainda não eram comuns os assentos individuais nas salas de exibição.[13]

A primeira sessão infantil do mundo teria ocorrido na Inglaterra, em Mickleover, no dia 7 de fevereiro de 1900, ou em alguma data próxima. A incerteza se deve ao fato de que o documento que comprova a realização dessa matinê é um cartaz relativo a uma sessão específica ocorrida naquele dia. Não existem documentos anteriores, mas nada desmente a hipótese de que houvesse ocorrido outra sessão antes daquela data.[14] O curioso nessas sessões infantis inglesas é o fato de que, normalmente, as crianças ficavam sozinhas no cinema, independentemente de sua idade.

Essa prática, associada à ganância dos exibidores, chegou a gerar tragédias como nos casos em que um alarme falso de incêndio, numa sessão com excesso de crianças, provocou a morte de quatro delas, e em que o simples choque de dois meninos numa escadaria provocou pânico e a morte de 16 pequenos espectadores.[15] Da mesma forma que na Inglaterra, nos Estados Unidos era comum incentivar os pais a mandarem os filhos para as sessões depois da escola, inclusive desacompanhados. Numa dessas exibições, em 1904, um filme manipulado de forma indevida num *nickelodeon* de Pittsburgh incendiou-se e o fogo se alastrou, ferindo trinta pessoas, dois terços das quais com idades entre 7 e 16 anos.[16] Apesar desses incidentes isolados, o estímulo provocado nas crianças pelo novo entretenimento foi muito forte. Em meados da década de 1920, o público infantil já representava a imensa maioria dos espectadores dos cinemas de bairro nos Estados Unidos.[17]

A fim de municiar essas sessões infantis, garimpava-se a produção disponível para localizar filmes adequados para o segmento, embora face à inexistência de um gênero infantil fosse comum a exibição de todo tipo de filme, das aventuras aos romances. A constituição dessa audiência infantil foi, com certeza, um fator fundamental para que os produtores começassem a perceber que havia um segmento demandando a realização de produções específicas. Nesse sentido, seria válido afirmar que a disseminação de sessões para crianças esteve por trás do nascimento do gênero infantojuvenil no cinema.

Em 1933, surgiu o cineclube Cendrillon, criado por Sonika Bo em Paris, para espectadores de 6 a 12 anos. Em 1943, o inglês Arthur Rank criou o Rank's Odeon Children's Club, que aglutinou, logo em sua abertura, 150 mil crianças que passaram a assistir matinês em 150 cinemas que participavam da iniciativa. Os meninos e meninas entre 5 e 15 anos não pagavam para ser membros do clube, exceto por uma pequena taxa de adesão. No clube, também cantavam e participavam de outras atividades, como competições e aulas de primeiros socorros. Na fase inicial, Rank exibiu filmes norte-americanos, mas em 1944 criou uma divisão em sua organização, a Children's Entertainment Film, que passou a ser dirigida por uma professora com experiência na produção de filmes documentários, Mary Field. Diversas personalidades ligadas ao cinema, entre as quais Richard Attenborough (*Ghandi*, *Uma ponte longe demais*, *Magic*), participaram de forma voluntária das ações da organização.[18]

A educadora Bárbara Vasconcelos Carvalho menciona a criação de cineclubes juvenis inclusive na África do Sul, em 1949, com um quantitativo de 1.300 sócios, e também destaca naquele período o trabalho do produtor Fred Orain (que mais tarde produziria filmes de Jacques Tati), bem como os estudos de Henri Wallon,[19] que foi presidente do Comitê Francês de Cinema para Crianças.[20]

Esse movimento "cineclubista" chegaria ao Brasil somente na década de 1950, quando, até mesmo na imprensa diária, já era possível perceber a preocupação com um espaço próprio para as crianças se relacionarem com o cinema:

> Começa a sentir-se, dentro de cineclubes para adultos, a necessidade de se criarem secções infantis. Entre outros, podemos citar os trabalhos desenvolvidos pelo Cineclube de Ijuí (no Rio Grande do Sul), o Clube de Cinema de Nova Friburgo (no Rio de Janeiro), o Departamento de Cinema do Centro de Ciências, Letras e Artes de Campinas. Além disso, o movimento cineclubístico infantil está se desenvolvendo em muitas escolas com caráter extraclasse, principalmente nas religiosas, como parte da formação moral. Fatores do desenvolvimento do cineclubismo infantil são os esforços empreendidos pelas Federações de Cineclubes Mineira e Gaúcha, e pelo Centro de Cineclubes, o qual vem promovendo simpósios e dando destaque ao problema da cultura

cinematográfica para a infância. Outras instituições de caráter cultural ou social já se preocupam em utilizar o cinema como elemento de educação, o Serviço de Cooperativismo de Recife, por exemplo, ou a Escolinha de Arte de Salvador. Para atender à crescente preocupação pelo cinema destinado à infância é que se criou, na Cinemateca Brasileira, um Departamento Infantil, que tem como objetivos principais constituir um acervo de filmes adequados e difundi-los nas escolas, nos cineclubes e outras instituições culturais ou sociais dedicadas à criança.[21]

ENFIM, FILMES PARA CRIANÇAS

A produção de um cinema voltado especificamente para o segmento infantil teve origem na União Soviética, e mais tarde na Inglaterra,[22] onde se destacaram a série *Lieutenant Rose and the...* (*Lieutenant Rose and the Chinese Pirates, Lieutenant Rose and the Moorish Raiders, Lieutenant Rose and the Stolen Submarine* etc.), realizada entre 1910 e 1914, destinada aos meninos, e a série produzida por Cecil Hepworth, que tinha como personagem principal uma "menina sapeca" chamada Tilly (*Tilly and the Fire Engines, Tilly the Tomboy Goes Boating*, entre outros) e que visava principalmente o público feminino. Fizeram sucesso também um filme de Cecil Hepworth realizado em 1905, *Rescued by Rover* — sobre um cão que ajuda um casal a resgatar seu filho roubado num parque, e que esteve na origem, nos anos 1920, das aventuras de *Rin Tin Tin* —, e, em 1935, *Chamado selvagem* (*Call of the Wild*), baseado no romance de Jack London e dirigido por William Wellman.[23] Na Alemanha, em 1926, foi importante a realização do longa-metragem de animação *As aventuras do príncipe Achmed* (*The Adventures of Prince Achmed*), de Lotte Reiniger.[24]

Quanto aos Estados Unidos, cuja cinematografia esteve desde cedo dominada principalmente por interesses econômicos, permaneceu por um bom tempo a crença de que era mau negócio a realização de filmes exclusivos para as crianças.[25] Naquele país, um nome fundamental na história dos filmes infantis foi Walt Disney, que começou fazendo curtas-metragens em parceria com Ub Iwerks, em Kansas City. Se o desenho animado nos Estados Unidos já tinha surgido em 1909, com *Gertie, the Dinossaur* (Winsor McCay), foi no início dos anos 1920 que a animação começou a se constituir num gênero com o trabalho de Disney no curta *Alice* e na série *Silly Symphony*, assim como através da criação dos personagens Mickey e Pato Donald, entre outros. A série *Silly Symphony*, que mesclara histórias originais e adaptações de contos clássicos e contemporâneos, foi o grande ensaio de Disney para as suas produções futuras. Daquela série de curtas fazem parte pequenas obras-primas como *O patinho feio* e a divertida adaptação do conto norte-americano *O pequeno chihuahua*.

Durante o período da Depressão, em busca de uma otimização dos negócios, os produtores norte-americanos perceberam o nicho dos filmes que serviam ao mesmo tempo para crianças e adultos, e nascia assim o filme familiar.

Nas décadas seguintes, Hollywood finalmente acordou para as possibilidades do filme específico para crianças, embora ainda mantendo características do filme familiar. Entre o final da década de 1920 e o início dos anos 1940, uma série de adaptações literárias foi destinada ao entretenimento das plateias infantis, ainda que não voltadas para elas com exclusividade: as produções de Disney, *Branca de Neve e os sete anões* (*Snow White and the Seven Dwarves*, David Hand, 1937) e *Pinóquio* (*Pinocchio*, Ben Sharpsteen, 1940); *As viagens de Gulliver* (*Gulliver's Travel*, Dave Fleischer, 1939); *David Copperfield* (George Cukor, 1935) e *Um conto de Natal* (*Christmas Carol*, Edwin L. Marin, 1938), baseados em Dickens; *Capitão Coragem* (*Captains Courageous*, Victor Fleming, 1937); *O homem invisível* (*The Invisible Man*, James Whale, 1933), da obra de H. G. Wells; o clássico de Edgar Wallace, *King Kong* (Merian C. Cooper e Ernest B. Schoedsack, 1933); o sucesso de Edgar Rice Burroughs, *Tarzã, o homem-macaco* (*Tarzan, the Ape Man*, W. S. Van Dyke, 1932); *O prisioneiro de Zenda* (*The Prisioner of Zenda*, John Cromwell, 1937); *A ilha do tesouro; Mulherzinhas, As aventuras de Robin Hood* (*The Adventures of Robin Hood*, Michael Curtiz e William Keighley, 1938); e um dos mais famosos de todos esses, a adaptação do livro de L. Frank Baum, *O mágico de Oz* (*The Wizard of Oz*, Victor Fleming, 1934).[26] Foi nesse período que algumas das grandes produtoras de Hollywood se fortaleceram economicamente.

A Segunda Guerra Mundial foi, paradoxalmente, uma fase onde o avanço financeiro das corporações teve prosseguimento, sendo exemplar o caso da Disney. Saindo do campo econômico para agir nas fronteiras política e ideológica de uma forma mais estruturada e agressiva, tornando-se quase um embaixador dos interesses do governo dos Estados Unidos, Walt Disney na verdade atuava em prol do crescimento contínuo de seu próprio empreendimento.

Logo após a guerra, a literatura continuou presente nas produções do cinema infantil. Destacam-se as versões de Disney para *A ilha do tesouro* (*Treasure Island*, 1950), de Byron Haskins, *Alice no país das maravilhas* (*Alice in Wonderland*, Clyde Geronimi, Wilfred Jackson e Hamilton Luske, 1951) e *Heidi* (1952), de Luigi Comencini.

Na França, Albert Lamorisse[27] realizou *O balão vermelho* (*Le Balon Rouge*, 1956), um dos mais importantes e belos filmes infantis de todos os tempos. Sem diálogos, conta a história de um garoto solitário que encontra um balão no caminho da escola. O balão se relaciona com o menino como se fosse um ser vivo e o acompanha por toda parte. Transformando em personagem um ser inanimado, Lamorisse trouxe para o cinema vários elementos presentes nos contos de fadas clássicos, a exemplo da fantasia como fio condutor, o confronto da criança com uma perda e o seu crescimento psicológico e espiritual a partir desse obstáculo.

Na Europa Oriental, nesse período merecem registro os importantes trabalhos de Jiri Trnka, da Tchecoeslováquia, em especial o longa-metragem de animação *O imperador e o rouxinol* (*Cisaruv slavik*, 1948).[28]

Nas décadas seguintes, surgiu um novo fator, que alterou substancialmente o mercado de filmes: a televisão. O novo meio carregou parte significativa do público, inclusive o infantil, das salas de exibição. Para reagir a esse quadro, os estúdios de Hollywood começaram a trabalhar com produções de altos custos, a exemplo de *Doutor Dolittle* (*Doctor Dolittle*, Richard Fleischer, 1967), baseado num livro de Hugh Lofting,

Mary Poppins, da Disney, e *O calhambeque mágico* (*Chitty Chitty Bang Bang*, Ken Hughes, 1968), escrito por Ian Flemming, o criador de James Bond. Foram feitas, ainda, adaptações de obras de Julio Verne: *A ilha misteriosa* (*The Mysterious Island*, Cy Endfield, 1961) e *Cinco semanas num balão* (*Five Weeks in a Balloon*, Irwin Allen, 1962). A clássica sátira ao filme de Jonathan Swift, *As viagens de Gulliver*, chegou aos cinemas com o título *Os três mundos de Gulliver* (*The Three Worlds of Gulliver*, Jack Sher, 1960). Na década seguinte, foi realizado o sucesso *O pequeno príncipe* (*The Little Prince*, Stanley Donen, 1974), baseado no livro de Saint-Exupéry.

Simultaneamente às grandes produções, surgiram filmes mais baratos e despretensiosos, com uma visão mais pessoal do universo infantil, entre os quais *Quando o coração bate mais forte* (*The Railway Children*, Lionel Jeffries, 1970), baseado no belíssimo romance de Edith Nesmit narrado de forma leve, humanista e poética, sobre crianças e adolescentes de uma família cujo pai é preso injustamente; *A ilha dos delfins azuis* (*Island of the Blue Dolphins*, James B. Clarke, 1964) e *Sounder, lágrimas de esperança* (*Sounder*, Martin Ritt, 1972).

No final da década de 1960, apareceram as primeiras críticas mais contundentes à obra de Walt Disney e seus estúdios. Elas brotaram em seu próprio país, quando o professor Frances Clarke Sayers publicou uma carta no jornal Los Angeles Times questionando as afirmações do superintendente de educação pública da Califórnia, Max Rafferty, em um artigo que fora publicado naquele mesmo veículo. Enquanto Rafferty tinha apontado Disney como o maior educador do século, Sayers criticava efusivamente as simplificações feitas na adaptação de livros para seus filmes, que segundo ele vulgarizavam e desrespeitavam as histórias originais. Essas críticas se cristalizaram e se disseminaram ao longo das décadas seguintes, sendo incorporadas pelas mais diversas linhas de pensamento, inclusive por autores ligados ao pensamento marxista e à Escola de Frankfurt, culminando no clássico *Para ler o Pato Donald*, de Ariel Dorfman e Armand Matterlat. Não é possível ignorar o conteúdo ideológico dos filmes da Disney, até porque a vinculação da sua produção com os objetivos da estrutura de poder do capitalismo norte-americano é visível e inquestionável, em especial nos tempos da Segunda Guerra Mundial e da Guerra Fria. Por outro lado, as críticas de Sayers e de seus posteriores discípulos se originam da mesma visão equivocada de que o cinema infantil deveria ser um espelho fidedigno da literatura infantil, ignorando o fato hoje óbvio de que são duas artes distintas que se comunicam com a criança de formas diferenciadas. Se em alguns casos é possível preservar a essência e as características dos livros adaptados para o cinema, essa não precisa e, em muitos casos, não deve ser uma regra a ser seguida de forma ortodoxa. Se a Cinderela dos irmãos Grimm não se parece com a Cinderela de Walt Disney (*Cinderella*, Clyde Geronimi, Wilfred Jackson, Hamilton Luske, 1950) é porque são obras feitas para meios diferentes de comunicação com as crianças, baseadas em linguagens e abordagens distintas.

A morte de Walt Disney em 1966 simbolicamente abriu caminho para novas vertentes no campo da adaptação literária para o desenho animado, no caso de trabalhos como *O Hobbit* (*The Hobbit*, Jules Bass e Arthur Rankin Jr., 1977) e *Uma grande aventura* (*Watership Down*, Martin Rosen, 1978).[29] *Uma grande aventura* é um bom exemplo da forma relativizada como esse afastamento do padrão Disney aconteceu no âmbito da produção norte-americana. Baseado no romance inglês homônimo, escrito por Richard Adams, o desenho conta a odisseia de um grupo de coelhos com características antropomórficas. No entanto, embora nele permaneçam elementos como o uso de canções, a presença de personagens cômicos e trapalhões, e a amizade de animais como fio condutor, há alguns elementos que o afastam da tradição de Disney, a começar pelos traços utilizados, lançando mão de uma suavidade e de uma sutil estilização que as pranchetas da Disney tinham abandonado há muito tempo. Por outro lado, o filme é carregado de uma violência que pode torná-lo contraindicado para crianças.

Em *O Hobbit*, Arthur Rankin Jr. honra a memória de seu pai, um dos precursores do cinema infantil britânico, com um desenho animado muito fiel ao original de J. R. R. Tolkien, afastando-se de certa "puerilidade" que dominava as produções da Disney.

As adaptações literárias mantiveram-se ao longo das décadas de 1970, 1980 e 1990 como um dos carros-chefe da produção cinematográfica para as plateias infantojuvenis. A maioria delas tornou-se grande sucesso nas bilheterias. Foram os tempos de *James e o pêssego gigante* (*James and the*

Giant Peach, Henry Selick, 1996), *A fantástica fábrica de chocolate* (*Willy Wonka & the Chocolate Factory*, Mel Stuart, 1971) e *O jardim secreto* (*The Secret Garden*, Agnieszka Holland, 1993). Na virada do século, vieram os monumentais sucessos de bilheteria *O Senhor dos Anéis — A sociedade do anel* e *Harry Potter e a pedra filosofal* e suas sequências. A série Harry Potter é emblemática da produção de cinema infantojuvenil nas últimas décadas. Baseada nos livros de J. K. Rowling, ela incorporou não apenas a miríade de efeitos especiais que já vinha se estabelecendo como padrão no cinema norte-americano, mas também reciclou elementos da literatura e do cinema clássicos para crianças e jovens. Seguindo uma concepção original, a saga acompanhou o crescimento físico e psicológico dos jovens bruxos, desde que começaram sua educação na escola de Hogwarts. Porém, muito mais do que aconteceu nos livros da série, os filmes trouxeram essa mudança de faixa etária também para a própria estrutura dramática e, principalmente, para a concepção das imagens exibidas. Em outras palavras, os filmes foram se tornando adolescentes – e, em alguns momentos, praticamente adultos – à medida que a história prosseguia. Assim, não são similares o lúdico e infantil *Harry Potter e a pedra filosofal*, dirigido com talento e fantasia pelo experiente Chris Columbus, e o sétimo filme, *Harry Potter e as relíquias da morte – Parte 1* (*Harry Potter and the Deathly Hallows: Part 1*, David Yates, 2010), denso, com imagens fortes, e no geral pouco recomendável para crianças. Isso gera um paradoxo, pois qual seria o sentido de uma criança assistir à primeira obra de uma série cuja conclusão acontece num filme que não é infantil? Porém, essa aparente contradição nada mais é que o espelho da visão mercadológica, definitivamente não pedagógica, que Hollywood tem da criança enquanto espectadora, percepção que é muitas vezes exportada para as cinematografias de outros países.

    Pegando carona na sequência do sucesso dessas séries, foram adaptados alguns dos volumes das *Crônicas de Nárnia*, de C. S. Lewis. Apesar da aparente semelhança de batalhas e seres fantasiosos com os filmes baseados na saga de *O Senhor dos Anéis*, *As crônicas de Nárnia: O leão, a feiticeira e o guarda-roupas* (*The Chronicles of Narnia: The Lion, the Witch and the Wardrobe*, Andrew Adamson, 2005) é, sem discussão, um filme infantil. Os próprios livros originais de C. S. Lewis possuem um tom mais pueril do que os de Tolkien, característica que foi razoavelmente respeitada na transposição para o cinema. Bem resolvido sob o ponto de vista dramático e de direção, o primeiro filme da série talvez seja uma das melhores produções do gênero fantasia de Hollywood nos últimos anos. Essa característica, infelizmente, se diluiu um pouco nos filmes seguintes, talvez numa tentativa de acompanhar o crescimento dos personagens, numa linha similar à seguida por Harry Potter.

Mas o cinema infantil não viveu, nas últimas décadas do século XX, somente de adaptações. As produções de Steven Spielberg e George Lucas se somaram às que o império Disney colocava a cada ano nos cinemas. Junto com as realizações de outras produtoras, responderam por parte significativa dos lucros arregimentados pelas corporações de Hollywood no período, tendência que se fortaleceu nos anos 1990, inclusive pela entrada do próprio Spielberg como executivo na área, com a criação da Amblin Entertainment em 1984. Filmes como *Guerra nas estrelas*, *E.T., o extraterrestre*, *A volta do capitão Gancho* (*Hook*, Steven Spielberg, 1991), entre outros, quase todos destinados a um conceito amplo de público que incluía também — mas não apenas nem principalmente — a criança, foram peças fundamentais para a conceituação do cinema infantil contemporâneo.

Spielberg representou um momento muito significativo para a história do cinema infantil. Embora lançando mão de algumas tendências do filme familiar, ele focou o seu olhar em questões diretamente ligadas à infância, a ponto de seus primeiros filmes associarem um tom de infantilidade à sua própria obra como um todo, caracterização da qual ele declaradamente buscou se libertar ao longo do tempo. As crianças de Spielberg, embora ainda sejam mostradas como puras e inocentes, num molde clássico, já apresentam graduações nessa inocência. Elas não são mais inteiramente ingênuas, nem reféns dos conhecimentos adultos, e nesse sentido são menos dependentes que na visão tradicional da criança no cinema. Os seus filmes apresentam também alguns elementos do que poderia ser chamado de uma visão infantil de mundo. Por exemplo, na cena inicial de *E.T., o extraterrestre*, quando o pequeno alienígena foge de seus perseguidores humanos através da floresta, as tomadas são feitas na altura do que seriam os olhos de uma criança, e não é gratuita a insistência na imagem das chaves, símbolo fálico do poder, mais exatamente do poder masculino e adulto. Os filmes de Spielberg e Lucas representaram, ainda, o marco principal de revisão da relação entre a criança e a tecnologia dentro do cinema, com a exacerbação do aparato dos efeitos especiais e a introdução de elementos cenográficos ligados à parafernália tecnológica (computadores, telefones e máquinas em geral) que antes podiam até mesmo compor a ambientação das cenas (como nos filmes de ficção científica), mas não eram mostrados com um ar de magia e fascínio.

Nos anos 1980, outros cineastas enveredaram pela seara do cinema infantojuvenil. John Badham, egresso do sucesso pós-adolescente *Os embalos de sábado à noite* (*Saturday Night Fever*, 1977), realizou em seguida *Jogos de guerra* (*War Games*, 1983) e *Um robô em curto-circuito* (*Short Circuit*, 1986), despretensiosas aventuras que carregavam, no entanto, uma semente de crítica ao sistema. O animador Don Bluth deixou os estúdios Walt Disney com a justificativa de buscar liberdade para criação e terminou por se tornar um dos mais bem-sucedidos diretores de desenhos animados. Desculpa ou não, o fato é que seu primeiro longa-metragem, *A ratinha valente* (*The secret of Nimh*, 1982) — assim como *O Hobbit* e *A grande aventura* tinham feito uma década antes — recuperou e modernizou o universo de magia e fantasia que caracterizavam as obras clássicas da Disney e que pareciam ter desaparecido das produções da empresa após a morte de seu criador. Mas, a partir do sucesso dessa produção independente, ele voltou a ingressar na fórmula padronizada de criação das grandes corporações com *Fievel, um conto americano* (*An American Tail*, 1986), um bom mas previsível longa produzido por Spielberg, e sua obra caminhou para se tornar uma diluição do trabalho inicial. Além desses, construíram carreira no segmento infantojuvenil, ainda que alternando com produções para outros públicos, diretores como Chris Columbus, Jim Henson e Tim Burton, entre outros, embora a maior parte dos trabalhos desses realizadores seja mais corretamente definida como filmes familiares.

Nesse grupo mais ou menos contemporâneo de diretores norte-americanos, destaca-se Carroll Ballard, cujos filmes são em geral construídos sob a ótica de um personagem principal infantil. Por exemplo, *O corcel negro* (*The Black Stallion*, 1980) conta a história, com tons extraídos da literatura clássica infantojuvenil, de um menino e um cavalo selvagem que sobrevivem a um naufrágio e passam algum tempo numa ilha deserta. Utilizando um tema que se tornou quase lugar-comum no cinema, Ballard conseguiu a ousadia (considerando-se que se trata de um filme infantil norte-americano) de evitar o uso de diálogos em quase metade do filme, quando os dois náufragos aprendem a conviver um com o outro na ilha deserta, construindo a narrativa exclusivamente com cenários, o menino, o cavalo, a música instrumental e, principalmente, a fotografia e a montagem. Em outro filme do mesmo diretor, *Voando para casa* (*Fly Away Home*, 1996), a ótica da narrativa é construída a partir de uma garota no início da adolescência que precisa aprender a viver junto do pai, que ela mal conhecia. As ações para ajudar um bando de patos a migrar nascem a partir da personagem juvenil: é ela quem dita os rumos da história. Ballard é um dos poucos diretores norte-americanos contemporâneos que possuem uma filmografia basicamente assentada no cinema infantojuvenil, e principalmente numa produção baseada no respeito à inteligência da criança e do adolescente e sem concessões ao cinema como instrumento de consumo ou à superficialidade, o que talvez explique o número reduzido de filmes que ele já conseguiu dirigir em Hollywood.

O MARAVILHOSO NO CINEMA INFANTIL

Os contos de fadas, as histórias de aventura, o maravilhoso e a magia são elementos de constante presença no cinema infantil. Basta relembrar o grande volume de livros e histórias clássicas adaptadas para a tela desde o nascimento do cinema, a começar por *Viagem à Lua*, de Georges Méliès, mesmo quando as crianças não eram o público-alvo das produções.

Tanto na literatura quanto no cinema, a presença da fantasia e do maravilhoso é quase uma constante na produção para as crianças. Mas seriam esses elementos uma intervenção dos adultos que criam a arte que é destinada às crianças? Quando Spielberg encheu de elementos mágicos filmes como *E.T., o extraterrestre* ou Disney colocou em seus desenhos estrelas que se tornavam fadas, esses autores lançavam mão de mero apelo mercadológico ou davam continuidade a uma tradição narrativa e a adaptavam às peculiaridades do cinema? Certa vertente analítica que questiona as relações de poder entre os vários segmentos da sociedade (gênero, raça, idade) pode sucumbir à tentação de tachar como arbitrária a inserção desses elementos nas narrativas destinadas à criança. No entanto, os estudos de psicologia e pedagogia apontam em outra direção:

> O que para nós é o mais lógico parece extraordinário no mundo da criança. Simultaneamente à evolução dos seus sentidos, ela vive a descoberta do maravilhoso e, à medida que cresce, novos e contínuos mundos vão surgindo para sua imaginação, vão-se realizando para ela.[30]

Existem resistências a essa visão. Classificando como enganosa a apresentação à criança de um mundo irreal, a posição da educadora Maria Montessori era a de que a criança tem uma imaginação limitada e que o preenchimento dessa imaginação com elementos de um mundo absurdo seria um erro ético.[31] Montessori não estava sozinha nessas objeções. O russo L. S. Vigotski,[32] um dos mais importantes pesquisadores da psicologia infantil no século XX, considerava os contos de fadas nocivos à formação sadia da criança. Ele também não aceitava o conceito de que eles serviriam para apresentar à criança explicações fabulares da realidade em substituição às explicações concretas.[33] Na realidade, Vigotski lançou no mesmo balaio a fantasia enquanto metaforização estética da realidade e a relação arbitrária que muitas vezes os adultos estabelecem com as crianças, quando ele se refere às "invencionices tolas e tradicionais com que as babás assustam as crianças". Mas, de forma conceitual, para Vigotski a objetividade e o realismo deveriam ser a tônica na apresentação do mundo à infância:

> A criança é capaz de fazer uma interpretação real e verdadeira dos fenômenos, embora, evidentemente, de imediato não possa explicar tudo até o fim. Entregue a si mesma, a criança nunca é um animista nem um

antropomorfista, e se essas tendências nela se desenvolvem a culpa recai quase sempre sobre os adultos que a rodeiam.[34]

Essa negação do aspecto animista na criança, ou seja, da sua prática de atribuir vida, e vida pensante, a todo o mundo à sua volta, está também presente nas afirmações de François Truffaut a respeito dos filmes de Albert Lamorisse (inclusive em desacordo com seu próprio mentor intelectual André Bazin, que admirava os trabalhos infantis daquele diretor). Num artigo no qual analisa *O balão vermelho* e *Crim Blanc*, Truffaut observa:

> (...) o balão vermelho que acompanha livremente um menino comporta-se como um cachorrinho que agisse humanamente; isso é Walt Disney ao quadrado. O inconveniente do artifício reside em ser artificial e em mergulhar cada vez mais na convenção no decorrer do filme.[35]

Opinião diversa tinha o também psicólogo Jean Piaget, que em seus estudos fundamentais sobre o desenvolvimento da criança apontou o animismo como um importante componente de uma fase da infância.

> O animismo infantil é a tendência a conceber as coisas como vivas e dotadas de intenção. No início, será vivo todo objeto que exerça uma atividade, sendo esta essencialmente relacionada com a sua utilidade para o homem; a lâmpada que acende, o forno que esquenta, a lua que dá claridade. (...) Assim é que as nuvens sabem que se deslocam, pois levam a chuva e, sobretudo, a noite (a noite é uma grande nuvem negra que cobre o céu na hora de dormir). Mais tarde, só o movimento espontâneo será dotado de consciência. Por exemplo, as nuvens não sabem mais "porque o vento as empurra"; mas o vento não sabe as coisas "porque não é uma pessoa" como nós, mas "sabe que sopra, porque é ele quem sopra". Os astros são especialmente inteligentes: a lua nos segue em nossos passeios e reaparece quando voltamos para casa.[36]

Tais discussões são importantes para o cinema na medida em que dão sustentação a uma abordagem que se tornou rotineira nos filmes infantis. De forma explícita como nos desenhos da Disney, ou sutil como na maioria dos filmes infantis não animados com participação de animais, o animismo e o antropomorfismo são recursos usados de forma muitas vezes exacerbada, o que poderia levar à dúvida sobre uma retroalimentação do processo. O camundongo Mickey e todos os outros animais do cinema fazem com que as crianças atribuam comportamentos humanos a coisas e bichos ou os realizadores desses filmes simplesmente lançaram mão de um componente da vida psicológica da criança? *O cavalinho azul* (Eduardo Escorel, 1984), baseado na peça de Maria Clara Machado, era realmente um amigo do menino ou somente repetia a visão antropomórfica típica dos filmes de Disney?

> Para a criança não existe uma linha clara separando os objetos das coisas vivas; e o que quer que tenha vida tem vida muito parecida com a nossa. Se não entendemos o que as rochas, árvores e animais têm a nos dizer, a razão é que não estamos suficientemente afinadas com eles. Uma criança está convencida de que o animal entende e sente como ela, mesmo que não o mostre abertamente.[37]

Poderíamos dizer, talvez, que não apenas a compreensão da importância do animismo, e por consequência da fantasia e da fabulação para a infância, mas o próprio entendimento da psicologia infantil seja um elemento básico para a análise da produção cinematográfica feita para essa faixa etária. Como é possível falar para um público que não é conhecido por quem a ele se dirige é a pergunta mais elementar. No entanto, desde as suas origens, pouco se tem feito no âmbito da produção e da criação cinematográfica infantil no sentido de se aprofundar no conhecimento da infância. Porém, no Brasil, essa carência já era, se não questionada, pelo menos apontada, há muitos anos por Paulo Emilio Salles Gomes:

> Mas, basicamente, esses filmes foram feitos de acordo com a ideia que os próprios produtores têm da infância. "Para que recorrer a um psicólogo infantil?", pergunta um produtor. "Será um psicólogo 'quadrado', mais inimigo do que amigo das crianças, ou então será um

psicólogo moderno e realista, e teremos então problemas com a censura, já que não há área mais controvertida do que a educação." (...) A experiência de que se valem os produtores é a educação dos próprios filhos.[38]

É particularmente esclarecedora a visão sobre a fantasia infantil e, de modo mais pontual, sobre os elementos fantásticos presentes nos contos de fadas que foi introduzida pela psicanálise. Um dos mais relevantes trabalhos nessa direção é a obra do psicanalista alemão Bruno Bettelheim *A psicanálise dos contos de fadas* (*The Uses of Enchantment*).

> Lidando com problemas humanos universais, particularmente os que preocupam o pensamento da criança, estas estórias falam ao ego em germinação e encorajam seu desenvolvimento, enquanto ao mesmo tempo aliviam pressões pré-conscientes e inconscientes. À medida que as estórias se desenrolam, dão validade e corpo às pressões do id, mostrando caminhos para satisfazê-las, que estão de acordo com as requisições do ego e do superego prementes.[39]

Sobre os contos de fadas, Sueli Passerini, pedagoga com formação na linha Waldorf, pondera que o seu

> significado representa o elemento aglutinador de nossas vivências interiores, podendo ser vivido por cada um de nós em qualquer momento ou em qualquer lugar, pois não tem a ver com uma realidade concreta, nem tampouco com uma abstrata — apenas descreve um processo de redenção, de atravessar todas as crises e estruturá-las de outra maneira.[40]

Uma outra questão importante é a de que a entrada das histórias fantásticas da literatura no universo do cinema significou a sua transposição para um tipo distinto de narrativa. Adaptações de qualquer texto literário para o texto fílmico implicam transformações. Inclusive porque no cinema se trabalha com um conjunto de elementos narrativos muito maior do que na literatura (música, atores, cenários etc.). No caso da literatura infantil e, dentro desta, dos contos de fadas, o ato de transpor histórias de um meio para outro tem consequências talvez mais complexas, em virtude das particularidades psicológicas do público ao qual se destinam. Os contos de fadas, numa linha que siga o pensamento de Bettelheim ou de Rudolf Steiner, são parte seminal do mundo estético, filosófico e psicológico da criança. Por outro lado, desde o início do cinema, eles estiveram presentes como temas ou como inspiradores dos filmes infantis. Essa passagem não aconteceu sem perdas, uma vez que a imensa maioria daquelas produções cinematográficas fizeram adaptações superficiais dos contos de fadas, que aplainaram sutilezas, simplificaram relações e trouxeram para o nível do consciente as imagens que permaneciam no nível do inconsciente do leitor/ouvinte infantil nas versões originais da literatura escrita e oral. Mas se nessa transição é, a rigor, impossível preservar os aspectos simbólicos da versão original, ela não precisaria também implicar perda da riqueza criativa e imaginativa.[41]

Por exemplo, Jacques Demy deu a *Pele de asno* (*Peau D'Ane*) uma roupagem inteiramente distinta do conto original, transformando-o numa narrativa estritamente cinematográfica, a começar pelos diálogos cantados, à semelhança de seu musical adulto *Os guarda-chuvas do amor* (*Les Parapluies de Cherburg*) — embora *Pele de asno* não possa ser considerado, a rigor, um filme infantil, pois não são crianças os seus personagens principais, e parte de sua trama se desenrola em torno de questões adultas. É o caso também da belíssima versão de Jiri Trnka para o conto de Andersen, *O rouxinol e o imperador*. Nesse filme tcheco, a plasticidade da imagem, a fantasia propiciada pelos bonecos, associadas à narração em off de Boris Karloff, que, de certo modo, substitui o contador de histórias clássico, criaram um conjunto que permite à criança mergulhar no universo fílmico para dele extrair os elementos simbólicos que falarão à sua própria individualidade. Vale a ressalva de que os planos finais de *O rouxinol e o imperador*, mostrando um cemitério visto a distância, acompanhado de uma narração não exatamente otimista, remetem de forma excessivamente objetiva ao lado melancólico e negativista de parte dos trabalhos de Andersen, tornando o filme inadequado para crianças de certa faixa etária (justamente a que mais se interessaria pela trama).

Mas se os contos de fadas estão na origem do cinema infantil, não se restringe a eles a manifestação da fantasia nas histórias para crianças. Ela se projeta também no manancial das novas histórias, originais ou nascidas da literatura contemporânea, que recuperam e transformam os elementos dos contos de fadas clássicos, gerando um mundo diferenciado de estímulos criativos e inventivos para a criança, e cumprindo assim um papel distinto nas suas relações com o universo da arte e da estética. É o caso dos filmes de Carroll Ballard, Don Bluth, Helvécio Ratton e Cao Hamburger. E, principalmente, de Lamorisse e seu O *balão vermelho*.

É também o caso de um despretensioso filme norte-americano chamado *A ilha da imaginação* (*Nim's Island*, Mark Levin e Jennifer Flackett, 2008), baseado num livro quase inadaptável de Wendy Orr, e que passou despercebido nos cinemas e locadoras no Brasil. Com simplicidade e muita criatividade, o filme conta as divertidas aventuras de uma menina que mora numa ilha com seu pai, uma leoa marinha e um iguano marinho.

Filmes não podem e não devem ser substitutos para a literatura escrita ou oral, mas podem trazer um outro tipo diferente de comunicação com a psicologia infantil. Para isso, entretanto, é fundamental que se conheça esse espectador e, principalmente, que se tenha a disposição de, mais que conhecê-lo, tentar compreendê-lo.

OUTROS CINEMAS

O cinema infantil chegou ao século XXI com um domínio quase absoluto das produções de Hollywood. Num sistema perfeito que se retroalimenta através da relação cinema/televisão, e agora DVDs, blu-rays e internet, as crianças são conduzidas permanentemente ao consumo dos filmes infantis realizados pelo cinema norte-americano, obedecendo ao calendário de lançamentos definido por grandes corporações como a Disney, a Amblin ou a Pixar, entre outras. Fora desse guarda-chuva estético/financeiro, resta um volume relativamente pequeno de produções nacionais que, em geral, não conseguem atingir o público infantil fora das fronteiras dos países onde são realizadas. Da mesma forma que as produções brasileiras, por exemplo, conseguem timidamente penetrar nos mercados internacionais, o cinema para crianças de países europeus, latinos, africanos ou asiáticos praticamente não chega às salas de exibição ou locadoras brasileiras. Quando isso acontece, é comum as sessões serem ocupadas por um público adulto interessado em conhecer novas cinematografias, e não pelas crianças.

Entre essas produções infantis que conseguem furar o cerco das fronteiras nacionais, ainda que numa marginalização parcial, destaca-se a produção iraniana. Filmes como *Filhos do paraíso* (Majid Majidi, 1997) ou *O balão branco* (*Badkonake Sefid*, Jafar Panachi, 1995) se utilizam de um tom realista mas preservam elementos caros ao mundo da criança (na verdade, de todo ser humano), como a prevalência do sonho e da imaginação. *Filhos do paraíso*, por exemplo, conta a história de dois irmãos, um menino e uma menina, que precisam dividir um par de sapatos para poderem ir à escola. Embora construído numa dinâmica que evoca o neorrealismo italiano, com ambientação em locações urbanas e degradadas, personagens extraídos da classe pobre e um certo naturalismo na interpretação dos atores, estão presentes ali traços característicos da narrativa infantil. Mesmo sem a presença de elementos fantasiosos ou mágicos explícitos, o próprio par de sapatos, por exemplo, adquire uma tonalidade quase mítica no decorrer do filme, acompanhando as agruras e as alegrias dos dois irmãos.

No Irã, a produção de filmes infantis recebe apoio permanente do governo há muitas décadas. Foi criado em 1965 pelo Ministério da Educação daquele país um instituto destinado a desenvolver bibliotecas para crianças, mas que partiu depois para a realização de workshops de pintura, escolas de teatro e, mais tarde, iniciou a produção de filmes de curta e longametragens.

A Dinamarca é outro país onde a produção para crianças é objeto de atenção especial. Em virtude da reduzida dimensão de seu território e de sua população (e, portanto, do público dos cinemas), os filmes dinamarqueses são subsidiados pelo governo. E, desde 1982, a legislação do país prevê que um quarto dos recursos seja destinado aos filmes infantis e juvenis.[42]

Não apenas a Dinamarca, mas os países nórdicos em geral têm uma relação intensa com o cinema infantojuvenil, embora essa produção também tenha começado tardiamente. Na Suécia, já na década de 1930 se realizavam filmes que poderiam ser qualificados de infantis, e em 1950 nasceu o primeiro dos muitos filmes baseados nos livros clássicos de Astrid Lindgren, com a fascinante personagem Pippi Meialonga,[43] dirigido por Per Gunvall.[44] Mas foi nos anos 1960 e 1970 que a produção para crianças ganhou impulso. Um ponto curioso das produções suecas foi a predominância de histórias de detetives com personagens infantis.

Na Finlândia, até os anos 1950, quando foi realizada uma bem-sucedida série com um personagem chamado *Pekka Puupää*, também não havia produções especificamente dirigidas para as crianças, embora o primeiro filme realizado naquele país, *Ollin Oppivuodet*, tenha sido baseado numa novela de um popular escritor de obras infantojuvenis, Anni Swan. Muito tempo depois, a maioria dos filmes infantis finlandeses continuaram encontrando inspiração na obra de Swan, que sempre trazia "diferentes variações de perda: alguém desaparece — um pai, uma mãe, um patrimônio, uma casa — que a criança deve, de alguma forma, recuperar".[45]

Os retratos da infância que esses filmes promoveram eram idealistas e didáticos, e repletos de qualidades como honestidade e obediência. Depois da guerra, mais ênfase foi dada na expansividade, delicadeza e na habilidade para cantar como sendo características ideais para criança. (...) O cinema infantil "mais jovem" que emergiu no meio dos anos 1960 foi, diferentemente, direcionado às jovens audiências e suas necessidades por fantasia. Um predecessor desse tipo de filme foi *Prinsessa Ruusunen* (Edvin Laine, 1949), uma fantasia cara construída em cima da adaptação feita pelo contador de histórias finlandês Zacharias Topelius para o famoso conto dos irmãos Grimm, *A bela adormecida*. *Prinsessa Ruusunen* foi liberado de impostos em decorrência de sua "mensagem edificante".[46]

Na mesma França de Lamorisse, merece destaque o trabalho do diretor Michel Ocelot, que conseguiu realizar delicados e sensíveis longas-metragens, em geral tendo personagens infantis como fio condutor de suas histórias. Em especial os filmes *Kirikou e a feiticeira* (*Kirikou et la sorcière*, 1998) e *Kirikou e os animais selvagens*, (*Kirikou et les bêtes sauvages*, 2005), que conseguiram, equilibradamente, unir a tradição do desenho animado europeu a uma visão lírica e não imperialista da cultura africana. Se nos filmes com Kirikou, o minúsculo personagem africano, Michel Ocelot busca a simbiose entre a tradição dos contos de fadas ocidentais e a cultura oral da África, em *As aventuras de Azur e Asmar* (*Azur et Asmar*, 2006), ele constrói imagens com a delicadeza e a beleza plástica de uma tapeçaria oriental e se inspira nas histórias de origem árabe para narrar a história de dois irmãos adotivos e falar sobre as diferenças e semelhanças entre Ocidente e Oriente. E, da mesma Alemanha que produziu a obra-prima *A história sem fim*, saiu no início do século XXI um simpático desenho animado chamado *Laura e a estrela* (*Lauras Stern*, Piet De Rycker, Thilo Rothkirch, 2004), que misturou de forma equilibrada bichinhos de pelúcia e artefatos de ficção científica para contar a história da menina solitária que encontra uma estrelinha perdida.

Enfim, a conceituação de um cinema infantil e a sua inserção dentro do processo de produção cinematográfica é um desafio complexo e com pouca possibilidade de solução. Dentro dessa discussão, um aspecto que não pode ser esquecido é o de que um filme de qualidade destinado às crianças não exclui o público adulto. Douglas Street apresenta uma curiosa classificação para os livros infantojuvenis. Para ele, existem aqueles livros claramente concebidos para serem consumidos por crianças, entre os quais *Alice no país das maravilhas*, de Lewis Carroll, e *O maravilhoso mágico de Oz*, de Frank Baum. Uma segunda categoria seria formada pelos livros escritos para o prazer do próprio autor, como os trabalhos de J. R. R. Tolkien (*O Senhor dos Anéis* e *O Hobbit*) e de Richard Adams (*A longa jornada*). O terceiro grupo reuniria os trabalhos originalmente escritos para adultos e depois adaptados para crianças ou adotados por estas, como foi o caso dos livros de William Defoe, Jonathan Swift e Charles Dickens.[47]

Se existem obstáculos para a particularização e para a valorização do cinema infantil, eles aparecem também na literatura, apesar do longo histórico desse gênero. Tim Morris observa que nos anos 1980 e 1990 ocorreu (no caso da Inglaterra e dos Estados Unidos) uma revisão dos "cânones" da literatura no ambiente acadêmico com a inclusão dos trabalhos de escritores negros e de escritoras, mas que os textos para crianças continuaram sendo excluídos.[48] No caso do Brasil, é sintomático que Monteiro Lobato e Ana Maria Machado, por exemplo, sejam apontados como grandes nomes da literatura infantojuvenil, mas raramente (ou talvez nunca) sejam lembrados em listas de maiores escritores brasileiros sem distinção de gênero.

Idêntico raciocínio é traçado por Douglas Street, que chega a duas conclusões importantes para uma análise do cinema infantil. Em primeiro lugar, a literatura infantil é estigmatizada como inferior à literatura adulta, sendo essa visão estendida também ao cinema. A segunda observação, decorrente da primeira, é a de que um bom filme destinado às crianças pode ser também consumido pelos adultos. Seguindo essa linha de pensamento, Douglas Street sugere aplicar ao cinema a observação do escritor C. S. Lewis (autor de *As crônicas de Nárnia*, um clássico da literatura infantojuvenil inglesa) de que "uma história infantil que é consumida com prazer apenas por crianças é uma história infantil ruim".[49]

Notas

1. Michael Ende nasceu em 1929 na Alemanha. Ator, diretor de teatro e crítico de cinema, tornou-se um escritor de histórias infantis com grande sucesso de público e crítica. Publicou *Jim Knopf e Lucas, a Locomotiva, Momo, A história sem fim*, entre outros.
2. COELHO, N. N. *Panorama histórico da literatura infantil/juvenil*. 4 ed. São Paulo: Ática, 1991, p. 13.
3. Citando G. Liz Arzubide (*Apuentes*, p. 117), Jesualdo explica o significado de fada: "A palavra 'fada' tem raiz grega. Indica o que brilha e dessa raiz derivaram as demais desinências que contêm certa ideia de brilho. Assim, fábula, falar, fatalidade, fado e fada, derivadas ambas do latim *fatum*, que provém da mesma raiz grega. Esta raiz parece explicar-nos que quem narra tais contos procura fazer brilhar suas ideias, as expõe nas fábulas; o destino do homem, o *fatum*, é o brilho que lhe dá realce e o determina, como explica minuciosamente List Arzubide". Cf. SOSA, Jesualdo. *A literatura infantil*. São Paulo: Cultrix, 1982, p. 116-117.

4. ZIPES, J., *op. cit.*, p. 13.
5. KUIPER, K. (org.) "Children's Literature." In: *Merriam-Webster's Encyclopedia of Literature*. Springfield: Merriam-Webster, 1995, p. 237.
6. COELHO, N. N., *op. cit.*, 1991, p. 99.
7. Por não ter sido produzido tendo em vista o público infantil, *O regador regado* poderia ser melhor classificado como um filme familiar, dentro de uma conceituação que se discutirá mais à frente.
8. Cecil Hepworth nasceu em 1874 em Londres. Seu pai trabalhava com lanternas mágicas e veio daí, provavelmente, o interesse pelos filmes. Escreveu em 1897 o primeiro livro sobre cinema, *Animated Photography*, e depois passou a fazer curtas-metragens. Entre esses, consta a primeira versão cinematográfica de *Alice no país das maravilhas*, realizada em 1903 e estrelada por May Clark. Conseguiu manter uma carreira como realizador até 1924, quando sua produtora faliu. Então, dedicou-se a dirigir trailers e filmes publicitários.
9. Ferdinand Zecca não foi exatamente um diretor especializado no cinema infantil, embora tenha feito a primeira versão cinematográfica da história clássica oriental de *Ali Babá e os quarenta ladrões*. Nascido em 1864, ele começou sua carreira trabalhando junto à companhia Pathé.
10. TREET, D. "Introduction". In: STREET, D. *Children's Novels and the Movies*. Nova York: Frederick Ungar Publishing, 1983, p. XIX.
11. BAZALGETTE, Cary; STAPLES, Terry. "Unshrinking the Kids: Children's Cinema and the Family Film". In: BAZALGETTE, Cary; BUCKINGHAM, David. In: *In Front of the Children: Screen Entertainment and Young Audiences*. Londres: British Film Institute, 1997, p. 95.
12. *Idem*, p. 93.
13. STAPLES, Terry. *All Pals Together: The Story of Children's Cinema*. Edinburgh: Edinburgh University Press, 1997, p. 8. Note-se que as sessões de cinema naquele período podiam acontecer nos mais variados tipos de espaço. Em Hall, na Inglaterra, por exemplo, as sessões eram realizadas num auditório que fazia, em outros horários, as vezes de ringue de patinação ou de salão de danças.
14. STAPLES, Terry, *op. cit.*, p. 3.
15. STAPLES, Terry, *op. cit.*, p. 5-6.
16. MUSSER, Charles. *The Emergence of Cinema: The American Screen to 1907*. Berkeley/Los Angeles/Londres: University of California Press, 1990, p. 418-433.
17. KOSZARSKI, Richard. *An Evening's Entertainment: The Age of the Silent Feature Picture 1915-1928*. Berkeley/Los Angeles/Londres: University of California Press, 1990, p. 27.
18. STAPLES, Terry, *op. cit.*, p. 254.

19. Pierre Wallon foi um dos mais importantes psicólogos da França no século XX. Com um trabalho fundamentalmente voltado para a criança, ele teve participação intensa na discussão de aspectos relativos à educação e à pedagogia, mantendo contato frequente com nomes como Maria Montessori e Célestin Freinet, com o qual contribuiu diretamente. Fundou uma revista, *Enfance*, em cujas páginas viabilizou a publicação de textos sobre a criança e a cultura, inclusive sobre o cinema. Presidiu a Young's People's Cinema Association e colaborou com a *Revue Internationale de Filmologie*, revista ligada ao Institut de Filmologie, na qual publicou na edição de julho/agosto de 1947 o artigo "De quelques problèmes psycho-physiologiques que pose le cinéma". Essa escola de pensamento buscava estudar as condições psicofisiológicas da percepção das imagens dos filmes. Além disso, estudava as diferentes percepções por cada categoria de público. Embora a ideia da Filmologia fosse inicialmente trabalhar no estudo "multidisciplinar" da recepção do filme pelo espectador, com o correr do tempo houve uma concentração nos aspectos de estudo fisiológico da questão. Cf. GRATIOT-ALPHANDÉRY, H. Henri Wallon (1879-1962). *Prospects: The Quarterly Review of Comparative Education* Paris, Unesco, v. XXIV, n. 3/4, p. 787-800, 1994 e MARIE, Michel. *O filme e seu espectador*. In: AUMONT, Jacques *et alii*. *A estética do filme*. Campinas: Papirus, 2002.
20. CARVALHO, B. V., *op. cit.*, p. 298.
21. "Precária a situação do cinema para a infância." *O Estado de S. Paulo*. São Paulo, 4 de março de 1962.
22. Embora *O regador regado* possa ser considerado o primeiro curta-metragem infantil produzido, ele não foi filmado tendo as crianças como destinatários.
23. WOJCIK-ANDREWS, I., *op. cit.*, p. 68.
24. Lotte Reiniger nasceu em Berlim em 1899. Em 1918, começou a trabalhar com um grupo de jovens numa produtora de filmes científicos e experimentais. Em 1922 foi trabalhar no filme de longa-metragem em animação *The Adventures of Prince Achmed*, inspirado em *As mil e uma noites*, concluído em 1926. Em sua longa filmografia, realizou diversos trabalhos inspirados em histórias infantis e contos de fadas.
25. BAZALGETTE, Cary e STAPLES, Terry, *op. cit.*, p. 3.
26. Jack Zipes aponta mais alguns filmes relevantes relacionados aos contos de fadas, que tiveram êxito nos anos 1930. Além de *Branca de Neve e os sete anões*, de 1937, e de *Pinóquio*, concluído em 1940, ele registra que Ernst Lubitsch realizou *Bola de Fogo* (*Ball of Fire*) com James Stewart em 1941; e o primeiro filme de Jean Cocteau depois da Segunda Guerra Mundial foi justamente *A bela e a fera* (*La Belle et la Bête*, 1946). Cf. ZIPES, Jack, *op. cit.*, p. 70.

27. Os filmes mais importantes de Albert Lamorisse foram *Bim*, *Crim Blanc* e *O balão vermelho*. O primeiro, rodado na Tunísia, conta a história da amizade entre um menino e um asno. A ideia foi melhor desenvolvida posteriormente e deu origem a *Crim Blanc*, que fala sobre um menino que se torna amigo de um cavalo. A mesma equação foi mantida quando ele realizou seu maior êxito, *O balão vermelho*, no qual um garoto encontra um balão vermelho na rua e o mantém ao seu lado ao longo de todo o filme.
28. Jiri Trnka nasceu em 1912 e faleceu em 1969. Pintor, era considerado o melhor animador de seu país. Começando a trabalhar com desenhos tradicionais e migrou em seguida para as marionetes, que utilizou em algumas de suas mais importantes obras. Embora recebesse apoio do governo, teve trechos de seus filmes censurados, e um deles, o impressionante *A mão* (1965), voltado para o público adulto, foi proibido por sua crítica ao totalitarismo. Além dos seus desenhos adultos, realizou belos filmes para crianças, como *O imperador e o rouxinol*.
29. STREET, D. "Introduction". In: STREET, D., *op. cit.*, p. XX.
30. SOSA, Jesualdo, *op. cit.*, p. 124.
31. SOSA, Jesualdo, *op. cit.*, p. 127.
32. Lev Vigotski nasceu na Bielorrússia em 1896. Graduado em literatura pela Universidade de Moscou, a partir de 1924 passou a trabalhar no Instituto de Psicologia, onde desenvolveu os trabalhos pelos quais se destacou no terreno da psicologia infantil e da pedagogia. Morto precocemente em 1934, somente na década de 1960 sua obra começou a ser efetivamente divulgada para além das fronteiras da extinta União Soviética. Influenciado pelas pesquisas de Pavlov, ele deu um sentido social para o estudo da psicologia infantil. "O que Vigotski nos forneceu foi um sentido histórico e cultural da natureza e das origens dos processos mentais. Os procedimentos, práticas e conceitos que procuramos inculcar às crianças — os quais incluem a perícia em certas maneiras de pensar e aprender — não são simplesmente produtos 'naturais' da mente ou criações solitárias das crianças. Antes, são invenções culturais que devem ser aprendidas e aperfeiçoadas mediante a interação com aqueles que já as possuem e praticam." Cf. WOOD, David. *Como as crianças pensam e aprendem*. São Paulo: Martins Fontes, 1996, p. 360.
33. VIGOTSKI, L. S. *Psicologia pedagógica*. São Paulo: Martins Fontes, 2001, p. 354.
34. VIGOTSKI, L. S., *op. cit.*, p. 354.
35. TRUFFAUT, F., *op. cit.*, p. 255.
36. PIAGET, J., *op. cit.*, p. 31.
37. BETTELHEIM, B. *A psicanálise dos contos de fadas*. 16. ed. Rio de Janeiro: Paz e Terra, 2002, p. 60-61.
38. BERNADET, Jean-Claude. *Trajetória crítica*. São Paulo: Polis, 1978, p. 162-163.
39. BETTELHEIM, B., *op. cit.*, p. 14-16.

40. PASSERINI, S. P., *op. cit.*, p. 104.
41. Segundo Jack Zipes: "Para o conto de fadas como gênero, a introdução da animação e do cinema legou as seguintes consequências: a) A imagem dominou o texto. Desde que as primeiras animações eram sem som, os contos ficaram sem voz. Era mínimo o que aparecia de texto. Embora unidimensional, a imagem dos personagens — como nos livros ilustrados — era projetada pelos realizadores para as audiências; b) No filme de conto de fadas, o principal protagonista não era mais o personagem, mas o realizador como um mágico por trás das cenas; c) A apropriação dos contos de fada tradicionais e a criação de novos contos de fada através dos filmes criou uma distância ainda maior entre o contador de histórias (os produtores do filme) e a audiência; d) Como o conto de fadas foi 'estandardizado', ele podia transcender comunidades e interesses particulares, e ajustou-se estruturalmente no modo econômico de produção conhecido naquele tempo como taylorismo ou fordismo. Filmes foram feitos com a intenção de serem produzidos em massa como produtos num processo racional baseado em custo e eficiência, e foram concebidos principalmente tendo em vista o lucro. (...) Em resumo, o filme de conto de fadas silenciou a voz comunitária dos contos mágicos orais e ofuscou a voz pessoal das narrativas literárias dos contos de fada". Cf ZIPES, Jack. *Happily Ever After: Fairy Tales, Children and the Culture Industry.* Nova York: Routledge, 1997, p. 69.
42. BAZALGETTE, Cary; STAPLES, Terry. "Unshrinking the Kids: Children's Cinema and the Family Film". In: BAZALGETTE, Cary; BUCKINGHAM, David, *op. cit.*, p. 97.
43. A personagem foi revisitada pelo cinema norte-americano em *As novas aventuras de Pippi Meialonga* (*The New Adventures of Pippi Longstocking*, Ken Annakin, 1988).
44. SOILA, Tytti. "Sweden". In: SOILA, Tytti; WIDDING, Astrid Söderbergh; IVERSEN, Gunnar. *Nordic National Cinemas.* Nova York: Routledge, 1998, p. 199
45. SOILA, Tytti. "Finland". In: *Idem*, p. 28.
46. *Ibidem*, p. 28.
47. STREET, D. *Introduction.* In: STREET, D., *op. cit.*, p. XIII-XIV.
48. MORRIS, T., *op. cit.*, p. 3.
49. STREET, D. "Introduction". In: STREET, D., *op. cit.*, p. XVII.

CAPÍTULO III   Um país se faz com homens e livros

Somente no final do século XIX começou a florescer no Brasil a ideia de uma literatura para crianças que não fosse importada. Essa proposta estava ligada diretamente ao fortalecimento da educação, e, não por coincidência, as primeiras publicações a surgirem foram livros de leitura escolar, como *Contos pátrios* (1904), *Teatro infantil* (1905) e *A pátria brasileira* (1910), de Olavo Bilac e Coelho Neto, *Através do Brasil* (1910), de Manuel Bonfim, e *Saudade* (1919), de Tales de Andrade.

No entanto, o marco mais expressivo da publicação de livros para crianças no Brasil foi o lançamento de *Contos da carochinha*, em 1896 (editado pela Livraria Quaresma, a mais famosa do Rio de Janeiro naquele período), no qual Figueiredo Pimentel reuniu 61 contos populares, incluindo trabalhos de Perrault, dos irmãos Grimm e de Andersen.[1]

Os contos folclóricos e maravilhosos estiveram também relacionados à segunda produção mais importante na história da edição de livros infantis no Brasil: *Era uma vez...*, escrito por Viriato Correia e João do Rio, que trazia a mesma marca de toda a esparsa produção no gênero até então, ou seja, no fundo era uma espécie de compilação bem trabalhada de aspectos folclóricos do país ou de revisões do fabulário internacional.

Mas, em 1921, Monteiro Lobato publicou *A menina do narizinho arrebitado*, dando, enfim, início ao que se poderia chamar efetivamente de literatura infantil brasileira. Lobato alcançou sucesso junto ao público infantil justamente por trazer o universo maravilhoso para o cenário nacional. Não eram mais apenas contos clássicos adaptados para a língua portuguesa, ou tradições folclóricas brasileiras que se levavam à criança, sempre com uma preocupação didática, mas todo um mundo próprio que dialogava tanto com a imaginação do leitor quanto com a sua formação cultural. Durante as décadas seguintes, Monteiro Lobato foi a única referência da literatura para crianças no Brasil. Como decorrência desse sucesso e do predomínio do livro como meio de comunicação naquela época, a sua obra conseguiu inclusive influenciar os ideais de várias gerações.[2]

Depois de Lobato, rarearam as manifestações da literatura infantojuvenil nacional. Porém, lentamente, a produção de livros para os jovens leitores foi se estabelecendo no país, e surgiram novos autores que terminaram se especializando no gênero, como foi o caso de Lúcia Machado de Almeida, Maria José Dupré, Malba Tahan ou Francisco Marins. Outros escritores, com trabalhos já reconhecidos na literatura adulta, também ajudaram a fortalecer o gênero. Menotti Del Picchia, José Lins do Rego, Viriato Correia, Erico Verissimo e Orígenes Lessa foram alguns dos autores que conseguiram trabalhar nas fronteiras da fantasia e da realidade, do folclore nacional e do lirismo, sempre com uma linguagem apropriada para as crianças.[3]

A partir da década de 1970, o gênero obteve um crescimento ainda mais expressivo, inicialmente em decorrência da Lei de Diretrizes e Bases da Educação Nacional (promulgada na década de 1960 e reformulada em 1971 pela Lei 5.692). A leitura ganhou uma posição-chave no estudo da gramática e da língua portuguesa de maneira geral.[4]

Com a extinção do Ato Institucional nº 5 e o início da abertura política, surgiu uma explosão da produção nacional de literatura infantojuvenil, capitaneada principalmente pela aquisição de livros por parte do governo federal com o objetivo de suprir as bibliotecas das escolas públicas. Escritores como Ruth Rocha, Angela Lago, Lygia Bojunga ou Ana Maria Machado, entre muitos outros, começaram a consolidar um vasto repertório literário, considerado um dos mais expressivos do mundo, bem como se estabeleceu um dos mais prolíficos segmentos do mercado editorial brasileiro.

POR UM CINEMA EDUCATIVO

Foram necessários mais de cinquenta anos desde a invenção do cinema para que o público infantil merecesse a atenção dos realizadores brasileiros. Em outros países, embora não houvesse um direcionamento específico para aquela audiência, muitos filmes eram naturalmente atrativos para a criança e podiam ser consumidos por um espectro maior de faixas etárias. No Brasil, não houve nem ao menos uma produção continuada de filmes adultos que, indiretamente, pudessem interessar às crianças, mesmo sem terem sido feitos originalmente para elas.

No início do século XX, registra-se a iniciativa isolada e quase amadorística de um professor, Venerando Graça, que, na década de 1910, produziu e dirigiu *Jardim zoológico*, *Façanhas do Lulu* (*Aventuras de Lulu*, segundo algumas fontes) e *O livro de Carlinhos* (*O livro de Carlos*, segundo algumas fontes) e filmes pedagógicos realizados com seus próprios alunos, nos quais procurava transmitir valores morais para as crianças.

Mais, ou menos nessa época surgiram as primeiras experiências brasileiras no terreno dos desenhos animados. Mas experiências como *Kaiser*, de Seth (Álvaro Martins), em 1917 — considerado o primeiro desenho nacional —, ou *Macaco feio, macaco bonito*, de Luiz Seel e João Stamato, em 1929, não tiveram o mesmo foco de Venerando Graça no público infantil.

Mas se não existiam filmes, havia a pressão de setores da sociedade, ligados principalmente à educação, para que o Brasil se voltasse para as crianças enquanto um público específico. Ao longo do século XX, houve muitas manifestações pedindo uma solução para essa demanda. Ao mesmo tempo, desde cedo se expressaram preocupações com o conteúdo e as mensagens que os filmes estavam levando às crianças. Vale ressaltar que essa não era uma preocupação restrita ao Brasil. Políticos, religiosos, pais e educadores de quase todos os países sempre se questionaram sobre a hipotética periculosidade do cinema para as crianças. Nos Estados Unidos, a formação em 1930 do Motion Picture Research Council/Payne Fund Studies (PFS) marcou a introdução pela primeira vez de "uma abordagem científica para estudar os efeitos dos filmes em jovens espectadores, nascida do desejo de uma compreensão mais completa do poder dos meios de comunicação de massa". Naquela mesma década, tiveram também impacto na produção norte-americana o crescimento do poder da Roman Catholic Legion of Decency, e a publicação de *Our Movie Made Children*, de Henry Forman, em 1935, e *Are We Movie Made?*, de Raymon A. Moley, em 1938.[5]

Em outros países essa discussão se objetivava em ações concretas, como a formação de comissões especializadas ou mesmo a instituição de censura. Mas no Brasil ela ocorria de forma dispersa, abrindo espaço para uma legislação que chegava a ser quase pior que a própria censura. Por exemplo, enquanto na Inglaterra a ida das crianças aos cinemas, inclusive sozinhas, era estimulada através das dezenas de clubes espalhados pelo país, no Brasil foi decretado o Código de Menores, que proibia a entrada de crianças abaixo de 5 anos nas exibições, exigia que as de até 14 anos estivessem sempre acompanhadas e impedia a permanência de qualquer menor nos cinemas a partir das 20 horas.[6]

Nas décadas de 1920 e 1930, proliferaram discussões sobre o fortalecimento da cultura brasileira, dentro de uma perspectiva nacionalista que cresceria ainda mais no regime ditatorial de Getúlio Vargas. Movimentos como o da Escola Nova levaram a ações de defesa da cultura e da arte nacionais, entre as quais se incluía o cinema. Em 1929 os educadores ligados àquele movimento promoveram a I Exposição de Cinematografia Educativa, na qual apresentaram "equipamentos e filmes, para sensibilizar os professores sobre as vantagens de sua utilização, contando com a colaboração das companhias exibidoras e fabricantes de equipamentos do uso do cinema".[7]

Diversos intelectuais e personalidades da época vieram a público, com frequência, a fim de apontar os riscos dos filmes para a formação das crianças e defender a realização de um cinema "sadio" dentro do próprio país. Por trás dessas solicitações, havia não apenas a demanda por um cinema infantil, mas por um cinema que se aliasse à divulgação científica, ou seja, por um cinema educativo.[8] Morettin cita, por exemplo, o artigo de Lourenço Filho, "A moral no theatro, principalmente no cinematographo", apresentado em Havana, no V Congresso Americano da Criança (1927), que falava sobre a ação do cinema como "um fator de corrupção moral, anarchisador da mente e do carater infantil", bem como o livro *Cinema e educação*

(1931), de Jonathas Serrano e Francisco Venâncio Filho, no qual os autores advogavam explicitamente o surgimento do filme educativo brasileiro.[9]

Cecília Meireles, que não por coincidência esteve ligada à Escola Nova, foi uma das defensoras do cinema como instrumento auxiliar da educação:

> O interesse pelas películas, a apresentação rápida dos assuntos, a facilidade de aprender vendo, todas as qualidades de sedução e de persuasão que caracterizam a projeção cinematográfica não podiam deixar de ser bem aproveitadas pelos educadores para completarem suas aulas, para deleitarem seus alunos, e para lhes oferecerem horizontes novos em todos os assuntos, permitindo-lhes uma vastidão de cultura mais rápida de adquirir em quadros completos que nas letras numerosas e nem sempre vívidas dos livros.[10]

Outro passo decorrente de toda essa movimentação convergente em torno do cinema e da educação no Brasil foi a criação da censura oficial, até então delegada a autoridades locais que atuavam livremente e sem padrões. A proposta de implantação da censura veio justamente de educadores ligados à Associação Brasileira de Educação, aos quais se associou indiretamente o intelectual Roquette-Pinto. Até então não havia ainda se disseminado o conceito da escola de massa, e, nesse contexto, Roquette-Pinto tinha como objetivo viabilizar a transmissão de cultura para atingir aqueles que não eram alcançados pela educação formal. Foram essas ideias que o levaram a projetar e a estruturar o Museu Nacional e o Instituto Nacional de Cinema Educativo — o Ince. Os filmes analisados pela Comissão de Censura — que tinha, entre os seus membros, um representante daquela associação e era presidida pelo diretor do Museu Nacional — pagavam uma Taxa Cinematográfica para a Educação Popular, que teria como destino a publicação da *Revista Nacional de Educação* e a compra de filmes educativos e científicos para a Filmoteca Nacional.[11]

Roquette-Pinto foi sobretudo um humanista, preocupado com as questões relacionadas ao progresso e ao desenvolvimento cultural da sociedade. À parte as suas intenções mais nobres, a visão do cinema enquanto fonte de educação e formação vinha ao encontro das aspirações do governo Getúlio

Vargas, que ainda atuava dentro de um regime democrático, mas em breve desembocaria na ditadura do Estado Novo.

Cláudio Aguiar de Almeida traça uma relação entre a movimentação da classe cinematográfica e do governo brasileiro com ações e posturas similares às dos regimes ditatoriais da Alemanha, Itália e Rússia. A revista *Cinearte*, que foi um dos pilares do fortalecimento da indústria cinematográfica no período, enfatizando sempre a tônica do nacionalismo, da divulgação cultural e da educação, chegou a tecer, em mais de uma ocasião, rasgados elogios à estrutura nazista de produção. Almeida cita trechos da revista onde é inegável a inspiração alemã para a busca de caminhos capazes de atender os anseios da classe produtora brasileira. Como exemplo, cita o articulista da *Cinearte* se referindo à "indústria cinematográfica da Alemanha, nação cujos dirigentes, reconhecendo a importância sem par do rádio, da imprensa e do cinema, dedicaram-se a corrigir-lhes as falhas, a indicar-lhes novos rumos, para elevá-los ao lugar que lhes é devido como fatores de educação, de cultura e aproximação dos povos".[12] Por ocasião do Congresso Internacional de Cinema, realizado em Berlim, a *Cinearte* registrou com louvor o discurso de abertura proferido pelo próprio Goebbels: "as bases mestras com que o ministro da Propaganda do Reich delineou os rumos a seguir pela indústria cinematográfica alemã e, quiçá, a mundial".[13]

Seja como for, é inegável o incremento que houve na produção nacional com a criação do suporte estatal no governo de Getúlio Vargas. Em função das próprias motivações do apoio federal ao cinema — a propaganda dos "valores nacionais" e, através deles, do regime —, as obras qualificadas como cinema educativo ocuparam uma raia especial.

Nos filmes realizados pelo Instituto Nacional de Cinema Educativo criado por Roquette-Pinto após sua saída do Museu Nacional, não existe um tratamento de tema ou linguagem voltados especificamente para as crianças e/ou os adolescentes. A impressão é de que os mentores do Ince tencionavam atingir a sociedade de maneira linear, independentemente de segmentos por idade ou classe social. Visava-se a educação do povo, não especificamente da criança, embora estivesse prevista a circulação dos filmes nas escolas. Assim, não era possível, ainda, falar em cinema infantil, e nem sequer em cinema voltado para o consumo das crianças. A maioria dos filmes desse período não trabalhava tonalidades, abordagens, ou qualquer outra coisa que pudessem interessar diretamente ao público infantil. Não havia elementos lúdicos: a narrativa era construída com uma seriedade e uma pomposidade que afastavam o diálogo com a criança. As informações eram apresentadas com um didatismo exarcebado e transmitidas com coloração tão adulta que dificilmente atrairiam os espectadores mais jovens.

Embora não existam pesquisas a respeito, muito dificilmente as obras do Ince, produzidas no formato do "cinema educativo", conseguiram construir algum nível mais profundo de comunicação com os estudantes do país. Foram, no máximo, uma versão animada (quem sabe, somente por isso um pouco mais divertida) dos sisudos mestres que pontificavam nas salas de aula. Como registra Sheila Schvarzman, com base em declarações de Roquette-Pinto à revista *Cinearte*, após a projeção dos filmes se ofereciam às crianças o que ele denominou "sobremesas": desenhos animados, que teriam o objetivo de "estimular o aluno".[14] Ora, se havia necessidade de oferecer uma sobremesa saborosa aos espectadores mirins, deduz-se que faltava prazer na visão dos filmes principais. É curioso notar que o próprio Roquette-Pinto vislumbrava essas limitações do cinema educativo, mas o gênero respondia pela quase totalidade da produção do Ince:

> Não é raro encontrar, mesmo no conceito de pessoas esclarecidas, certa confusão entre cinema educativo e cinema instrutivo. É certo que os dois andam sempre juntos e muitas vezes é difícil ou impossível dizer onde acaba um e começa o outro, distinção que aliás não tem muita importância na maioria das vezes. No entanto é curioso notar que o chamado cinema educativo em geral não passa de simples cinema de instrução. Porque o verdadeiro educativo é outro, o grande cinema de espetáculo, o cinema da vida integral.[15]

Vale ressaltar que muitas vezes os filmes educativos de Humberto Mauro, o principal diretor a trabalhar longo tempo no Ince, ressentiram-se também das amarras estruturais e conceituais de difusão cultural que direcionavam a produção do Ince. Tanto que, décadas depois, quando Mauro refilma, de maneira magistral, seu curta *Carro de bois*, em certos momentos, como na descrição das peças do veículo, ele cede novamente espaço ao didatismo (embora já não trabalhasse sob a égide do Ince). Comentando o filme *Ruy Barbosa*, de 1949, Schvarzman escreveu algo que, de certo modo, ratifica essa ressalva, aplicável, em maior ou menor grau, a vários outros trabalhos do diretor: "Mauro faz o que pode para escapar da enumeração de feitos e obras."[16]

Vale ressaltar que a criação do Ince no Brasil ocorreu em época próxima à da criação da Children's Entertainment Film por Arthur Rank na Inglaterra. Nos dois lados do Atlântico havia a preocupação em comum com a produção de filmes que pudessem ser vistos pelo público infantil. No entanto, enquanto na Inglaterra o foco estava no entretenimento (Children's Entertainment Film), no Brasil ele foi colocado na educação (Instituto Nacional do Cinema Educativo).

OS PRIMEIROS FILMES

Assim como se pode, um tanto arbitrariamente, atribuir a *O regador regado* a primazia de ser o primeiro filme infantil (ainda que seja um curta-metragem não destinado especificamente às crianças), houve um curta brasileiro de 25 minutos, realizado pelo Ince, que reuniu alguns dos atributos do que no futuro se conceituaria como filme infantil: *Jonjoca, o dragãozinho manso*, de 1946, feito com recursos de animação e que não tinha prioritariamente um objetivo educacional. Realizado com fins de entretenimento, e com uma temática mais próxima do universo das crianças, é possível atribuir-lhe o mérito de ter sido o primeiro filme infantil brasileiro. Nos letreiros iniciais da obra, a "direção artística" e a "execução" são atribuídas impessoalmente ao Ince, sendo creditado a Humberto Mauro o papel de "adaptador" da história de Odylo Costa Filho. No entanto, como responsável na época pelo Ince, Mauro foi certamente o cérebro por trás de todo o projeto.

O filme começa com uma mulher que fala para um grupo de crianças, reportando-se assim ao universo dos contadores de histórias que, por sua vez, estiveram na origem da literatura infantil e, por consequência, do cinema infantil. A mulher conta sobre a luta mítica entre são Jorge e o dragão, agregando novos elementos à história tradicional. O dragão não teria morrido no combate, mas ficara apenas machucado, sendo salvo por magia com a condição de prometer que não mais voaria. Então, certa vez, para salvar uma menina da aldeia presa numa torre, ele abriu as asas novamente. Mais tarde, partiu para uma série de aventuras, acompanhado por uma garotinha, repetindo assim um dos elementos básicos da narrativa infantil: a criança (ou o herói/heroína) que é obrigada a sair pelo mundo com o objetivo de enfrentar e superar desafios.

Realizado com bonecos articulados, *Jonjoca, o dragãozinho manso* parece ser, mais do que um filme voltado para crianças, um filme de experimentação no qual o(s) realizador(es) parece(m) estar testando as possibilidades da animação. Em muitas cenas, foram utilizados bonecos inanimados ou com movimentação muito limitada. Em outras, o artificialismo de certos recursos é tão evidente que dificulta o envolvimento do espectador com o clima do filme.

Mauro voltaria a utilizar animação em 1964 para fazer alguns trechos de outro curta, construído sobre a canção "A velha a fiar", um trabalho no qual, ainda que não necessariamente de propósito, tornou a se comunicar com o público infantil. *A vellha a fiar* é parte de uma série de filmes do Ince baseados em canções folclóricas nacionais. Com esses trabalhos, ele de certa forma se aproximou da proposta de *Fantasia*, ao construir imagens para serem colocadas sobre músicas já existentes. Essa série de curtas delicadamente construídos (e que, de certa forma, assim como o longa de Disney, são antepassados do videoclipe), desprovidos de qualquer intenção narrativa voltada para a educação (ainda que se preocupassem com a preservação das tradições culturais brasileiras), abriu um solo fértil para o surgimento de filmes com ressonância junto ao público infantil, como foi o caso de *A velha a fiar*. Um coral apresenta em off a canção tradicional enquanto uma inteligente montagem vai apresentando as imagens que são mencionadas, de forma quase literal mas nunca óbvia:

> Estava a velha em seu lugar, veio a mosca lhe fazer mal.
> A mosca na velha, a velha a fiar.
> Estava a mosca em seu lugar, veio a aranha lhe fazer mal.
> A aranha na mosca, a mosca na velha, a velha a fiar.
> Estava a aranha em seu lugar, veio o rato lhe fazer mal.
> O rato na aranha, a aranha na mosca, a mosca na velha, a velha a fiar (...)

Como em muitas canções folclóricas infantis, especialmente aquelas estruturadas dentro de um padrão rítmico e repetitivo, a música "A velha a fiar" vai e vem com um mesmo refrão que brinca com imagens fortes, a exemplo da morte, fazendo uso de outro elemento familiar ao universo das histórias infantis: os animais. Essa repetição cíclica fala de forma muito efusiva à mente infantil, e ao seguir a trilha da canção folclórica, Humberto Mauro foi muito feliz na concepção do curta-metragem.

> Por meio da repetição, do ritmo, a criança aprende conteúdos que ainda não tem condições de compreender intelectualmente: canta canções de roda ou declama poemas com longas rimas e ouve o mesmo longo conto por noites sem fim, podendo recontá-lo com as mesmas palavras.[17]

Assim como fizera em *Jonjoca, o dragãozinho manso*, Humberto Mauro lançou mão de experimentações na construção de *A velha a fiar*, utilizando novamente animais de brinquedo. Mas, desta vez, ele conseguiu chegar a um resultado mais equilibrado e bem-acabado, ao mesmo tempo que respeitou o espírito lúdico da canção, utilizando as imagens num ciclo repetitivo que tem estreita relação com o processo de brincar. O resultado foi um de seus filmes mais leves e fáceis de assistir. Ou seja, Mauro fez um curta que dispunha de qualidades para ser visto, com prazer, tanto por crianças quanto por adultos.

Em termos de longa-metragem infantil, foi preciso esperar muito mais para que surgisse uma produção nacional. Isso somente aconteceu em 1952, com a conclusão de *Sinfonia amazônica*, de Anélio Latini Filho, após cinco anos de trabalho. *Sinfonia amazônica* se tornou, simultaneamente, o primeiro filme infantil brasileiro e a primeira produção de longa-metragem nacional em desenho animado.

Sinfonia amazônica foi um ousado projeto em que Latini Filho realizou sozinho o trabalho que, nos Estados Unidos, era feito por uma grande equipe de ilustradores e técnicos. A proposta de criar o primeiro desenho brasileiro transparece a partir do tema, o folclore amazônico, e se manifesta na avalanche de animais e plantas nativos que preenchem a maior parte do filme. No entanto, se as imagens autóctones são a marca mais forte de *Sinfonia amazônica*, esteticamente ele não busca romper com a tradição dos desenhos estrangeiros. Quando de sua produção, Disney já tinha realizado parte expressiva de seus trabalhos clássicos, e Latini não os renega. Muito ao contrário, explicita as influências. A cena em que sapos e tico-ticos dançam chorinho, enquanto pica-paus fazem percussão e jabutis tocam ossos, evoca imediatamente os filmes brasilianos de Disney, como *Você já foi à Bahia?* (*The Three Caballeros*, Norman Ferguson, 1945). Logicamente, existe uma espontaneidade que não está presente no desenho norte-americano, mas definitivamente *Sinfonia amazônica* não satiriza aquele filme, apenas homenageia e torna menos artificial o trabalho realizado por Disney. Da mesma forma, há cenas em que algumas personagens femininas da mitologia amazônica lembram diretamente as fadas que voam em meio às flores e à neve em *Fantasia* (1940), embora as "fadas" da floresta amazônica expressem maior languidez e sensualidade. Em outro momento do filme de Latini Filho, o personagem Curumim caça um animal em cena muito similar à do indiozinho Hiawatha em *O pequeno Havita* (*Little Hiawatha*, David Hand, 1937), um dos curtas das *Silly Simphonies* produzidas por Disney, sendo semelhante até mesmo a forma de andar dos personagens. Entretanto, o narrador de *Sinfonia amazônica* brinca com o personagem, introduzindo um humor tipicamente brasileiro. Em síntese, se em muitos aspectos Latini Filho se aproximou da estética Disney, ele foi hábil o bastante para transformá-la através de um prisma nacional.

Mas *Sinfonia amazônica* padece de um acentuado ufanismo, traduzido sobretudo em trechos da narração que o aproximam de certo didatismo nacionalista de alguns filmes do Ince, a exemplo do texto: "(...) o Amazonas, o rio das maravilhas, cujas águas refletem a paisagem mais grandiosa da Terra (...)." Sem diálogos, conduzido apenas pela música e pela voz do narrador, em alguns instantes o filme se deixa contaminar pela grandiloquência do texto. Mas as imagens trabalhadas por Latini Filho são, em sua maioria, tão bem construídas e repletas de lirismo e de plasticidade visual que o eventual "barroquismo" do texto do narrador não chega a perturbar o espectador contemporâneo.

Não há uma história única conduzindo o filme. São vários mitos que se entrelaçam, assim como os temas de uma sinfonia. Presente a maior parte do tempo, o Curumim é um elo que estabelece a unidade de *Sinfonia amazônica*. Ele está, por exemplo, no belíssimo final, quando parte com o boto pelo rio para futuras aventuras, enquanto a Cobra Grande se transforma num arco-íris e os animais correm pelas margens para assistir ao duplo evento.

Os anos 1950 assistiram, no Brasil, à criação de grandes estúdios que tentavam repetir aqui o sistema de Hollywood, em busca de uma estabilidade de mercado que fosse capaz de viabilizar a continuidade da produção. A maior dessas empresas foi a Vera Cruz, responsável por alguns filmes representativos do período. Outra produtora importante foi a Maristela Filmes. Afrânio Mendes Catani cita o cineasta Roberto Santos para constatar que, na medida em que esses grandes núcleos de produção possuíam certas amarras criativas e, sobretudo, dispunham relativamente de poucos recursos a serem investidos, abriu-se espaço para o surgimento da figura do cineasta "independente", que trabalhava em condições mais difíceis, administrando a escassez e, por outro lado, usando de uma liberdade de expressão que os estúdios não possibilitavam.[18] Um desses trabalhos independentes foi *O saci* (1953), com roteiro baseado na obra de Monteiro Lobato e dirigido por Rodolfo Nanni. Lançado quase simultaneamente a *Sinfonia amazônica*, poderia compartilhar com este a posição de primeiro longa-metragem infantil brasileiro. De qualquer forma, trata-se do primeiro filme infantil com atores realizado no Brasil.

A ideia de fazer o filme não partiu do próprio diretor, mas de Arthur Neves, então sócio da editora Brasiliense (embora não tenha havido participação da editora na produção), que detinha os direitos de publicação da obra de Lobato. Nanni tinha acabado de chegar da Europa, onde fizera um curso de cinema no IDHEC (Institut des Hautes Études Cinématographiques), e aceitou o convite para responder pela direção do filme. As filmagens foram feitas em Córrego Limpo, no interior de São Paulo, e envolveram um misto de recursos profissionais com a improvisação da qual, como regra, o cinema brasileiro em geral é obrigado a se valer. Os equipamentos foram alugados da Maristela Filmes e para a música incidental foi contratada uma orquestra sinfônica sob a regência do compositor Cláudio Santoro, mas para fazer um *travelling* na abertura lançou-se mão de um carrinho montado por moradores da cidade e instalado sobre pneus semivazios para evitar trepidações. Como recorda Nanni:

> Levantaram-se uns empréstimos em bancos, começaram a se vender participações. Um irmão meu, que lidava com imóveis, ficou sensibilizado com a coisa, deu uma ajuda, levantou dinheiro em banco em nome pessoal. Eu não cuidei dessa parte. Só sei dizer que tivemos recursos para terminar o filme, para exibir, somente não tivemos para fazer o cartaz.[19]

A produção reuniu dois nomes que, no futuro, se tornariam referência no cinema brasileiro: Nelson Pereira dos Santos e Alex Viany, como assistentes de direção. Além da música de Cláudio Santoro, apontada pelo diretor como um dos elementos mais importantes do filme, em sua opinião:

> Uma curiosidade é que o filme foi dublado posteriormente. E durante a gravação da dublagem e dos efeitos especiais tinha um garoto que estava começando e foi quem fez os efeitos especiais, pata de cavalo e esse tipo de coisa, e que era o Walter Avancini, que nem aparece o nome dele, foi uma falha.[20]

Embora o enredo seja baseado na versão infantil de *O saci*, escrita por Lobato, o argumento original, escrito por Arthur Neves, e o roteiro de Rodolfo Nanni incluíram elementos e personagens de outros livros do autor.[21]

A obra de Lobato, ainda que contestadora dos rumos políticos tomados pelo país (o escritor foi preso e chegou a confrontar diretamente, por carta, o presidente Getúlio Vargas), teve um cunho profundamente nacionalista. No cinema, a década de 1950 foi um tempo em que muito se discutiu sobre a produção de cunho nacional e independente. Maria Rita Galvão menciona o discurso do diretor Rodolfo Nanni com relação a esses pontos. Ela se refere a um texto apresentado, no início de 1951, numa das mesas-redondas sobre cinema brasileiro promovidas pela Associação Paulista de Cinema, com ideias que, mais tarde, foram retomadas nos Congressos do Cinema Brasileiro pelo próprio Nanni.

> Rodolfo Nanni toma como ponto de partida para a exposição de suas ideias a experiência vivida na produção de *O saci*, filme independente entre outros motivos porque é um filme "estritamente nacional" — baseado em um autor nacional, com personagens bem brasileiras vividas por artistas brasileiros, filmado por técnicos brasileiros em cenário verdadeiro do interior paulista, com capital nacional e temática tipicamente brasileira: a vida simples e autêntica de nossas fazendas e sítios. "O que se entende por um cinema fundamentalmente nacional?" — pergunta Rodolfo Nanni. E responde: "É o que tem por princípio mostrar a vida, os costumes e a história de nosso povo, apoiado em um nível técnico e artístico suficientemente bom, e tendo por base garantias financeiras de produção e distribuição. Só assim o cinema nacional poderá atingir um grau de verdadeira indústria."[22]

Porém, mais do que uma adaptação literária, ou o registro de tradições nacionais, o filme de Nanni levou às telas um retrato de infância que, na época, reproduzia não apenas hábitos rurais (como na história), mas práticas de brincadeiras e comportamentos presentes também na maioria dos centros urbanos. O próprio diretor revela que passou a infância numa casa em São Paulo que dispunha de um vasto quintal, e dessas lembranças ele possivelmente extraiu muito do que se vê em *O saci*.[23]

A vontade de retratar o universo infantil é algo que chama a atenção no filme, em especial por ter sido ele o marco inicial na história do gênero no país. E parece ter sido, conscientemente ou não, tão importante contar a história quanto captar as nuanças que, no século XXI, soam a experiências distantes para a maioria das crianças brasileiras urbanas. Deitar num carro de bois, entrar em um rio, comer pipoca na peneira são algumas das muitas referências de um passado cada vez mais distante. Da mesma forma, a trilha musical, quer na parte instrumental quer nas canções solfejadas por Narizinho, realça a intenção de registrar e, simultaneamente, mergulhar no universo infantil da época.

O saci começa com um *travelling* por uma estrada arborizada, no final da qual se encontra a sede do sítio, enquanto uma voz começa a comentar o início da trama, evocando os velhos contadores de histórias e estabelecendo, assim, uma ponte com o passado literário da narrativa infantil (tanto do cinema quanto da obra de Lobato). Conta-se a história de quando o menino Pedrinho resolveu capturar um saci-pererê, seguindo as orientações do tio Barnabé, "preto-velho" que morava no Sítio do Picapau Amarelo. Com a ajuda da menina Narizinho, ele consegue aprisionar o ser folclórico, mas precisa esperar uma tarde especial para que o saci saia de dentro da garrafa onde fora retido. Enquanto isso, Narizinho desaparece, encantada pela Cuca. Com a ajuda do saci, Pedrinho vai libertá-la. Dona Benta e tia Anastácia têm uma presença importante no filme, mas cabe a Pedrinho o desafio de solucionar o problema que surge à sua frente. Nesse sentido, *O saci* abre a vereda de uma linha seguida por alguns dos melhores filmes infantis, isto é, a de colocar na mão da criança a possibilidade e a capacidade de superar os obstáculos, abordagem que repete o mesmo mecanismo dos contos de fadas.

Chamam a atenção os longos intervalos de tempo que separam *O saci* e *Sinfonia amazônica* dos filmes infantis realizados mais tarde no Brasil. As explicações podem variar do simples desinteresse por esse segmento de público à convicção de que filmes nessa área não reverteriam em audiência. Nos tempos da Atlântida, com seus musicais, nada impediria que se destinasse algum filme para as crianças. Especialmente se considerarmos que o musical esteve na raiz de muitas obras infantis norte-americanas, como *O mágico de Oz* e mesmo de todos os desenhos de Walt Disney. Mas essa não era uma questão sequer considerada por aqueles que faziam o cinema brasileiro, talvez pelo receio de fracassos comerciais, repetindo o mesmo preconceito que tivera o cinema norte-americano durante tantas décadas.

Pouco tempo após o lançamento de O saci surgiu um novo fenômeno no cinema nacional: Amácio Mazzaropi. Embora não fizesse filmes para crianças, ele atuava naquela faixa denominada cinema familiar, tão explorada pelo cinema norte-americano. As tramas de Mazzaropi possuíam conteúdos adultos, mas nada em seu desenrolar afrontava as noções aceitas pela sociedade de então como palatável para crianças. Mesmo a malícia era apresentada num tom brejeiro, que não assustava a tradicional família brasileira, efetivamente o seu grande público. O resultado foram muitas crianças indo aos cinemas acompanhando os adultos.

Depois de passar pelo teatro e pelo circo, Mazzaropi chegou ao cinema quando a Vera Cruz se propôs a realizar filmes mais baratos e com apelo popular. Pretendendo lançar uma personalidade paulista que se contrapusesse à grande estrela carioca, Grande Otelo, o filme *Sai da frente* (Abílio Pereira de Almeida, 1952) marcou o início da carreira do cômico.[24] A partir daí, Mazzaropi realizou vários filmes em São Paulo e no Rio de Janeiro, até que em 1958 fundou a sua própria produtora, pela qual realizaria a maior parte de seus grandes sucessos. Mesmo não podendo ser definidos como infantis, filmes como *O gato de madame* (Agostinho Martins Pereira, 1956), *As aventuras de Pedro Malasartes* (Amácio Mazzaropi, 1960), *Um caipira em Bariloche* (Pio Zamuner, Amácio Mazzaropi, 1972), *Uma pistola para Djeca* (Ary Fernandes, 1969), entre muitos outros, fazem parte das referências cinematográficas de mais de uma geração de crianças brasileiras.

No início da década de 1960, outras vozes deram continuidade àquelas que, na primeira metade do século, clamavam pela existência de um cinema para crianças no Brasil. Afinal, os anos se passavam e *O saci* e *Sinfonia Amazônica* permaneciam as únicas manifestações do gênero.

> O panorama mostra que esse gênero cinematográfico ainda não foi devidamente explorado no Brasil, e entretanto há uma fonte inesgotável

de temas no folclore brasileiro e na nossa literatura, infantil ou não. Com a ajuda dos poderes públicos, poder-se-ia criar uma produtora especializada de filmes de ficção infantis, devidamente orientada por uma equipe de cineastas e educadores. Enquanto isso não acontece, o caminho está aberto para os amadores, que poderiam incluir nas suas várias experiências o filme para infância.[25]

Em 1962, um sucesso da ainda recente televisão foi reciclado para chegar aos cinemas. Cinco episódios da série *O vigilante rodoviário*, sobre as aventuras de um guarda e seu cão (com ecos de *Rin Tin Tin*, *Lassie* e, muito mais atrás, *Rescued by the Rover*), dirigida por Ary Fernandes, foram reunidos num longa-metragem, projeto que teria prosseguimento em 1966, com *Vigilante e os cinco valentes*, e em 1967, com *Vigilante em missão secreta*.

Na década de 1960, o movimento da Jovem Guarda dividia espaço no imaginário da juventude brasileira com a bossa nova. O maior expoente daquele movimento musical estrelou três filmes: *Roberto Carlos em ritmo de aventura* (Roberto Farias, 1967), *Roberto Carlos e o diamante cor-de-rosa* (Roberto Farias, 1970) e *Roberto Carlos a 300 quilômetros por hora* (Roberto Farias, 1972). Voltados para as plateias juvenis, o tom de aventura dos dois primeiros filmes terminou por cativar também o público infantil. Não por coincidência, *Roberto Carlos em ritmo de aventura* teve como um dos argumentistas o escritor Paulo Mendes Campos, também autor de várias obras voltadas para o segmento infantojuvenil, e para redigir o roteiro de *Roberto Carlos e o diamante cor-de-rosa*, Roberto Farias se inspirou nos quadrinhos de Hergé para as aventuras de *Tintin*.[26]

Então, na década de 1960, eclodiu o Cinema Novo, com todo o seu discurso de renovação da linguagem cinematográfica e com a discussão do próprio papel do cinema, e depois dele veio o cinema marginal, o *underground*, aqui chamado de "udigrudi". No todo, aquele talvez tenha sido o momento mais importante da história do cinema brasileiro. Entretanto, no decorrer de uma década de efervescência intelectual em relação ao cinema, não se deu atenção à produção infantil. Buscava-se colocar nas telas a voz dos excluídos, com o intuito de que esse mesmo povo compusesse a audiência dos filmes, e, com a valorização do conceito de classe, pouco se pensou nas definições de faixas etárias. Há a exceção de *Menino de engenho* (1965), baseado no romance de José Lins do Rego, mas essa obra de Walter Lima Jr. era um filme sobre a infância, não um filme para o público infantil. Assim, ao contrário da nouvelle vague, que produziu um Jacques Demy (*Pele de asno*), infelizmente o Cinema Novo não gerou nenhum reflexo direto no cinema infantil brasileiro.

ENFIM, A HISTÓRIA CONTINUA

Em 1962, houve, finalmente, mais uma produção infantil (considerando que os filmes de Mazzaropi, Roberto Carlos e de *O vigilante rodoviário* caberiam melhor numa definição de filme familiar e não de filme infantil): o texto clássico de Maria Clara Machado para o teatro, *Pluft, o fantasminha* (1962), chegou ao cinema pelas mãos de Romain Lesage. A história do filme é a mesma da peça homônima. Pluft é o fantasma que vive num casarão com sua mãe e morre de medo de encontrar seres humanos. Chega ali, então, o malvado pirata que raptara Maribel, a neta de um marinheiro.

A adaptação do filme preservou, talvez em excesso, o caráter teatral do original. As cenas de luta no mar, bem como as sequências na taberna e no albergue onde Maribel e o pirata se hospedam, têm uma artificialidade explícita. As longas sequências, como a da batalha dos barcos ou a da música cantada por um grupo de celebridades na taberna, ajudam a reforçar essa impressão. Por outro lado, em muitos momentos, especialmente nos instantes de maior intimismo, quando a ação se concentra no interior da casa de Pluft, é justamente a imagem fílmica que seduz o espectador. O texto de Maria Clara Machado estabelece uma ponte com o espectador não mais somente pela performance de um ator, mas pela interpretação já filtrada pelas lentes de uma câmera. Nesse sentido, se o filme lembra muito o que seria um "teatro filmado", em diversas cenas as imagens se impõem à narrativa.

Embora o papel principal não seja interpretado por uma criança, Pluft tem uma caracterização pueril que provoca fácil identificação com o público infantil. Tímido, Pluft enfrenta o desafio de ir ao mundo dos vivos, que é para ele algo ameaçador, e nesse sentido traz para a criança a mensagem de superação de obstáculos por si própria.

Foi também de Maria Clara Machado a origem do filme infantil brasileiro que veio em seguida, em 1970, quando Francisco Dreux dirigiu seu único trabalho de longa-metragem, *A dança das bruxas*, baseado na peça *A bruxinha que era boa*.

Ainda em 1970, a novela escrita por José Mauro de Vasconcelos, *Meu pé de laranja lima*, fez um sucesso tão expressivo que ultrapassou as fronteiras do país. Dirigido por Aurélio Teixeira, o filme baseado no livro de Vasconcelos significou um marco na cinematografia brasileira; pois, pela primeira vez, realizou-se um drama destinado ao público infantil. *Meu pé de laranja lima* possui um roteiro muito fiel ao livro, embora em muitos momentos acentue uma carga dramática que não é tão forte na história original.

O menino Zezé (que parece ser um *alter ego* do escritor) é de uma família pobre, na qual se misturam relações de violência e afetividade. Buscando vivenciar uma intensa fantasia, ao mesmo tempo que se dedica às experiências naturais da infância, ele encontra dificuldades para sintonizá-la com a realidade mais brutal onde vive. O fator econômico, representado pelo desemprego do pai, contamina todo o ambiente da família, que somente reencontrará seu eixo depois que o "patriarca" conseguir trabalho numa fábrica.

Cheio de dívidas, o pai de Zezé leva a família a se mudar para uma casa mais simples do que aquela onde moram. Ali, cada um dos filhos, inclusive os adolescentes e adultos, escolhem para si uma árvore do quintal. Resta a Zezé a mais frágil de todas, o pé de laranja lima, com a qual ele estabelece um relacionamento afetuoso. Depois de algum tempo, o arvoredo começa a conversar com o garoto, transformando-se num de seus mais importantes amigos. O outro é um português que passa a lhe oferecer a atenção e o carinho que somente de forma esparsa Zezé encontra em sua própria casa.

Meu pé de laranja lima poderia ser citado como mais uma obra em que, na tradição de Bazin, a realidade se impõe ao cinema. Apesar das limitações técnicas e do excessivo tom melodramático impresso a muitas cenas, o filme conseguiu contar a história de forma cativante, chegando a ter algumas sequências enternecedoras, quer pela singeleza, quer pela habilidade de construir um convincente personagem infantil. Os realizadores de Meu pé de laranja lima adotaram uma postura de respeito à criança, tanto como espectador quanto (e principalmente) como personagem.

São dignas de menção a sequência inicial, quando Zezé e seu irmão caminham pelo quintal, projetando nos recantos do terrreiro e nas galinhas que por ali ciscam a fantasia de um jardim zoológico repleto de feras, ou quando Zezé diz ao irmão na noite de Natal "como é ruim ter pai pobre", sem saber que seu pai está à escuta e, então passa o dia seguinte trabalhando para arrumar dinheiro e comprar um presente para ele. É nessa última cena que se realça um dos maiores méritos de Meu pé de laranja lima: o retrato de uma certa incomunicabilidade entre o mundo adulto e o mundo da infância. Quando Zezé leva ao pai o presente, um hoje politicamente incorreto maço de cigarros, a resposta que recebe está afetivamente muito aquém de seu esforço e de suas expectativas. Num outro momento, Zezé está fascinado pela ideia de fabricar um balão e vender suas bolas de gude a fim de pagar ao irmão para que este lhe ensine a fazer o brinquedo. À noite, ele se debruça no chão da sala trabalhando com os papéis enquanto a irmã adulta o chama para jantar. Ele se recusa a ir, preferindo permanecer imerso naquela atividade que é, para ele, mais importante. A irmã o puxa para a mesa com um violento puxão de orelha, Zezé se levanta e volta para o seu brinquedo, e ela então rasga o seu balão. O menino reage com um palavrão e ela o espanca. Quando o menino se preocupa com a tristeza do pai por não encontrar emprego, começa a cantar uma música qualquer na tentativa de alegrá-lo. Como há uma temática lasciva na letra da canção, o pai o chama e o esbofeteia. Essas cenas são comprometidas pelo viés melodramático, que permeia o filme inteiro. Mas de qualquer modo elas foram, no âmbito do cinema infantil brasileiro, a primeira tentativa de compreensão de que adultos e crianças vivem em realidades diferentes, situação que é ainda mais intensificada em virtude das relações de poder que o mundo adulto detém sobre o mundo da infância.

Zezé não é tampouco a criança exatamente "boazinha" e, de certa forma, ingênua presente nos filmes anteriores. Ele derruba o varal da vizinha, assusta uma transeunte com uma cobra de papel, briga na rua, senta em para-choques de carros, rouba flores para levar à professora. Totoca, seu irmão poucos anos mais velho, é algumas vezes egoísta e infantilmente cruel, acusa Zezé de ser um problema para a família ou cobra para ensinar-lhe a fazer um balão. É interessante notar que, na direção oposta, o filme busca preservar a "inocência" com algumas sutilezas. Por exemplo, quando xinga a irmã, no filme Zezé a chama de "vadia", enquanto no livro o termo usado foi mais inconveniente: "puta".

É interessante notar que *Meu pé de laranja lima* é essencialmente mais literário que cinematográfico, mesmo em seus momentos mais expressivos. Quando Zezé leva o irmão menor para passear pelo zoológico imaginário do quintal, a câmera se restringe a acompanhá-los, cabendo aos diálogos o papel de levar a informação ao espectador. Da mesma forma, são descrições genéricas que apresentam a infância de Zezé, como se a câmera não quisesse se intrometer demais na realidade filmada: os jogos de bolas de gude (que nunca são mostrados de perto), o balão de São João (que não voa nem é visto depois de pronto), importantes retratos da cultura infantil que, no filme, são construídos apenas em cima dos diálogos e não das imagens.

Mas no final de *Meu pé de laranja lima* paira uma dúvida sobre se ele seria realmente um filme destinado às crianças. Ao contrário do livro, que após as explosões emotivas tem sempre um texto que não apazigua, mas dilui a tensão negativa. Quando Zezé sabe da morte do português num acidente, ele chora e grita numa praça, reclamando do Menino Jesus por tê-lo traído enquanto ele se esforçava para ser um garoto "bonzinho". No filme, o garoto desmaia pouco depois desse episódio, mantendo um clima catártico e entristecedor. No livro, a própria linguagem do texto se encarrega de suavizar o sentimento que a cena transmite. A última sequência do filme é a de Zezé contando ao pai que seu pé de laranja lima fora cortado e debruçando-se solitário nos próprios joelhos para chorar. A mesma cena está descrita no livro, mas neste há mais um pequeno capítulo final que dilui o peso dramático e o tom pessimista.

Falando dos contos de Andersen, Nelly Novaes Coelho observa que muitos dos textos daquele autor possuem uma negatividade diante da existência que não os fariam adequados à criança, apesar de toda a magia e humanismo que os permeiam. Embora respeitando os argumentos contrários de outros autores, ela nota que nenhum deles nega o fato de que esse fatalismo teria o "poder de 'dissolução' da ternura".[27] *Meu pé de laranja lima*, com seu final lacrimogêneo e sem saídas aparentes, remete às mesmas considerações. A catarse imobiliza a criança diante da vida e, no que se refere à sua relação com o filme, poderá ser de desencanto e passividade a sua visão de mundo. Ou seja, assim como *Menino de engenho*, *Meu pé de laranja lima* é mais um filme sobre crianças do que um filme para crianças.

Décadas depois de *O saci*, Lobato voltou às telas com *O picapau amarelo* (Geraldo Sarno, 1973). Certo dia, Narizinho lê uma carta do Pequeno Polegar, pedindo autorização para que os habitantes do Reino da Fábula se mudem para o Sítio do Picapau Amarelo.[28] O Sítio recebe, então, a visita de uma fileira de seres extraídos das fábulas, da literatura e até dos quadrinhos, e essa nova população vai alterando os hábitos dos seus moradores.

Assim como em *O saci*, existem imagens bucólicas, algumas inclusive muito similares às do filme de Nanni, e ocorrem aparições de sacis, iaras e outros seres do folclore brasileiro (na verdade, todos sem papel importante, numa espécie de figuração de seres fabulares que já fariam parte da vida rotineira do Sítio). Mas em *O saci* o bucolismo é parte da história. Por exemplo, Pedrinho dorme na mata onde encontra o saci-pererê, enquanto a boneca Emília se molha no riacho e é colocada para secar num varal. Em *O picapau amarelo* o bucolismo é um adereço, servindo apenas para colar sequências de ação ou de diálogo. E as cenas de ação abundam, reverenciando o cinema de aventuras, que é outra importante vertente do cinema infantil, mas há um tom teatral que as perpassa, bem como a diversos outros momentos do filme, como se a tentativa de dialogar com a criança passasse obrigatoriamente pelo crivo do faz de conta explícito. Muito disso, claro, evoca o próprio universo de Lobato. Piratas não são exatamente piratas, bonecos não são exatamente bonecos. Meritoriamente, se estabelece uma relação lúdica e divertida, meio brasileira, poder-se-ia dizer, com o universo da fantasia. Mas essa abordagem roçou a teatralidade e criou, desde o longo e cansativo diálogo entre Emília e o Visconde de Sabugosa numa das cenas iniciais, uma indefinição entre a fala para o público adulto ou infantil. Em outros momentos, como na chegada de Dom Quixote ao Sítio, quando ele ataca inimigos invisíveis numa plantação, as imagens tocam o espectador adulto pela poesia, mas de uma forma muito abstrata e intelectualizada para ser percebida por uma criança. O *picapau amarelo* é, assim, um exemplo da dificuldade de uma expressiva vertente do cinema autoral brasileiro — mesmo quando detentor de habilidade para falar ao público adulto — em conseguir travar um diálogo com o público infantil.

Em 1971, chegou aos cinemas o primeiro filme da série protagonizada pelo personagem Tio Maneco, criado por Flávio Migliaccio, *As aventuras do Tio Maneco*. Migliaccio realizaria ainda mais dois filmes com o personagem, *O caçador de fantasmas* (1975), inspirado em *O fantasma de Canterville*, e *Maneco, o supertio* (1979). A série foi revisitada no longa-metragem *Os porralokinhas*.

Tio Maneco é um personagem atrapalhado, embora não chegue ao tom circense de Mazzaropi ou dos Trapalhões. Seus filmes são voltados principalmente para a aventura, sempre com tramas e roteiros construídos de forma bem elaborada. Em *O caçador de fantasmas*, Maneco leva seus sobrinhos para procurar o avô, que se encontra desaparecido numa outra dimensão. Para isso, precisam estabelecer contato com um velho fantasma e seu filho, que assombram um antigo casarão no campo. Segundo a mulher que mora naquela casa, para contatar o fantasma, Maneco e seus sobrinhos precisariam resistir aos sustos durante 13 dias. Eles então se esforçam para ignorar as aparições e barulhos que se espalham por todos os cômodos do casarão.

Em *Maneco, o supertio*, a fórmula é mais ou menos repetida, embora sempre com criatividade. Contra a vontade dos pais burgueses, os sobrinhos de Maneco são levados por ele para a fazenda do avô, um inventor que dessa vez foi parar no passado. Para encontrá-lo, o grupo segue até uma cidadezinha que foi tomada por um magnata da mineração. Ali, descobrem um cenário futurista de grandes máquinas e exércitos particulares, que evoca os filmes clássicos de ficção científica. Os operários vivem com suas famílias como prisioneiros na cidade industrial, mistura de Cubatão com *Metrópolis* (Fritz Lang, 1927), e são libertados por Maneco e as crianças. A industrialização predatória é também mostrada como a grande vilã. Depois da passagem de Maneco e das crianças pelo lugarejo, os operários adquirem consciência de suas possibilidades e começam a reconstrução da cidade.

Um fator importante nos filmes de Tio Maneco é que são as crianças quem agem e conseguem superar os problemas. Os adultos são, no fundo, grandes coadjuvantes. Em *O caçador de fantasmas*, por exemplo, são as crianças que realmente se esforçam para não sentir medo das assombrações, que travam o diálogo com os fantasmas e tomam as ações que permitirão a solução da trama. Os seus pais, que são os outros adultos de destaque no filme, têm como objetivo apenas afastá-las de Maneco e desastradamente quase as aprisionam para sempre no "outro mundo". Maneco é o grande companheiro, que as leva para dentro das aventuras, mas ele próprio fica apavorado com o fantasma. Ou seja, em *O caçador de fantasmas,* cabe à criança o desafio de sair para o mundo e solucionar seus próprios problemas. Idêntico processo se repete em *Maneco, o supertio*, quando uma criança que habita a cidade se alia ao grupo do Tio Maneco. Assim como no filme anterior, Maneco detém os conhecimentos sobre a realidade, mas são as crianças que afinal encontram as soluções, ou seja, são elas que têm o poder de resolver os conflitos que a trama coloca à sua frente.

Na década de 1970, costuma ser também destacada, nos raros registros bibliográficos da história do cinema infantil nacional, a realização de Alberto Salvá, *As quatro chaves mágicas* (1972), adaptada a partir do conto de fadas *João e Maria*, dos irmãos Grimm.[29] No entanto, se o tema desse filme é extraído de um conto infantil, a sua adaptação deslocou a narrativa para um universo no mínimo adolescente e, quiçá, adulto. A proposta de Salvá foi a de situar num cenário contemporâneo a história clássica dos Grimm, mas nessa transposição ocorreram outras transformações importantes. Os personagens principais são dois jovens, quase pós-adolescentes, que, ao acampar, tornam-se vítimas de uma tentativa de assalto e acabam chegando a uma mansão burguesa onde mora uma mulher que representa o papel da "bruxa". Se no filme há um anão, uma cachoeira mágica, a própria bruxa e outras referências do imaginário infantil, a discussão da sexualidade — que nos contos de fadas, quando acontece, é em nível inconsciente — é levada aqui para uma exposição concretizada pelas imagens (a postura sensual dos personagens, sua própria faixa etária, a pouca roupa com que transitam na maior parte do filme etc.). Enfim, já não é possível falar de uma temática infantil, ou melhor, de uma abordagem infantil, o que torna inapropriada a inclusão de *As quatro chaves mágicas* entre os filmes do gênero.

Em 1970 foi a vez de mais um desenho animado, *Presente de Natal*, primeiro longa colorido feito no país, ser lançado pelo autor de quadrinhos amazonense Álvaro Henrique Gonçalves. Dois anos depois, o japonês Ypê (Yoshinori) Nakashima terminou seu único filme de longa-metragem, *Piconzé*.

Na década de 1980, são exemplares quase isolados do cinema infantil nacional a realização de *O cavalinho azul*, única incursão de Eduardo Escorel no gênero, baseado em texto de Maria Clara Machado, e o primeiro longa do cineasta mineiro Helvécio Ratton, *A dança dos bonecos*, utilizando bonecos criados por Álvaro Apocalypse, do Teatro Giramundo, de Belo Horizonte.

O cavalinho azul tem uma natureza bem diversa das adaptações anteriores dos textos de Maria Clara Machado. São bem menos frequentes as manifestações de teatralidade e, sem abrir mão da fantasia, Escorel deu um tratamento mais realista à trama, em especial nas sequências iniciais. O filme conta a história de um garoto que vive numa fazenda com seus pais. Solitário, ele gosta de brincar com um velho cavalo, atribuindo-lhe uma fantasiosa cor azul e imaginando que se apresentam num circo. O pai, precisando de dinheiro e sem ter utilidade para o animal, acaba vendendo o cavalo, e o garoto, em vez de mergulhar num estado catártico de drama, reage rapidamente e decide sair pelo mundo em busca de seu amigo. Ele termina por chegar a um circo, onde encontra um trio de músicos que passam a segui-lo para procurar o fantástico cavalo azul, acreditando que ficariam ricos caso pudessem capturá-lo e explorá-lo no circo.

O filme começa com a apresentação de um personagem — que mais tarde o espectador saberá se chamar João de Deus, mas cujos dons rondam o divino — contando as linhas gerais da trama, sobre um texto de viés excessivamente literário ou teatral. Mas é sem dúvida cinematográfica, e não teatral, a narrativa com que Escorel em seguida conta a relação do menino com seu cavalo, bem como a subsequente perda quando o animal é vendido. Os diálogos são naturais, a decupagem das cenas também. Se a postura teatral retorna em outros momentos, ela não é o ponto central da narrativa e sempre se submete à linguagem fílmica. São os cortes, os planos e os enquadramentos que conduzem a história. Se não acontece uma ruptura maior com o texto-base de Maria Clara Machado, objetivando imprimir um movimento estritamente cinematográfico às imagens, por outro lado elas já não são passíveis, da forma como o filme as coloca, de serem reproduzidas no espaço de um palco. Não são mais, portanto, teatrais. São cinema e não teatro filmado (embora, grosso modo, um teatro filmado não deixe, também, de ser um filme, já que a simples existência de uma câmera postada diante do palco registrando uma encenação já o transformaria num filme).

Esta experiência de Escorel confirmou as impressões de Bernadet, muitos anos antes, de que por trás dos filmes brasileiros do gênero havia principalmente as expressões e as percepções dos pais cineastas:

> (...) o projeto nasceu da confluência de uma dificuldade pessoal de optar por um novo projeto e do desejo de fazer um filme que minhas duas filhas, uma com 10 anos, outra com 7, pudessem ver. Fora com elas que eu passara a frequentar o Tablado, onde a Maria Clara Machado manifestou diversas vezes a vontade de que O cavalinho azul fosse filmado, tendo contado também que seu pai, Aníbal Machado, sempre o considerara sua peça mais cinematográfica.[30]

Escorel conta que a produção de O cavalinho azul encontrou muitas dificuldades, em primeiro lugar decorrentes de fatores naturais, em razão da chuva na região serrana de Valença, onde aconteceram as filmagens, sendo que "alguns cenários chegaram a ser destruídos e refeitos mais de uma vez pela água".[31] A isso se somaram as questões econômicas, como o fato de o filme ter começado sem "os recursos necessários para chegar ao fim, tendo sido salvo pelo investimento de um coprodutor"[32] e a necessidade de acumular as funções de diretor e produtor. Enfim, nada anormal dentro do quadro de produção do cinema brasileiro, o que somente ratifica as ideias de Bazalgette e Staples sobre a quase impossibilidade do filme infantil, fora de Hollywood, prescindir de apoio do poder público para sua existência.[33]

O cavalinho azul também comprova que fazer cinema infantil exige o simultâneo uso da especificidade da linguagem cinematográfica e a consciência de que se está produzindo uma obra destinada a uma audiência especial, como atesta o próprio Eduardo Escorel:

> Creio que num gênero específico, como o infantil, sempre está presente o compromisso de se estar dirigindo para crianças. Como, porém, eu estava trabalhando com um texto testado e aprovado pelo público infantil, não havia muito por que ter cuidados excessivos com o público preferencial do filme. Por outro lado, respeitando a inteligência das crianças não há por que "infantilizar" a narrativa.[34]

O cavalinho azul toca em questões importantes dentro do espectro do cinema infantil, como dificuldade de comunicação entre o mundo adulto e o mundo da criança, traduzidos aqui pela incapacidade dos pais do menino, que, apesar de atenciosos e amorosos, não conseguem compreender o universo fantasioso onde ele vive a amizade com o cavalo, bem como pela supremacia do contexto econômico (a venda do cavalo) sobre as necessidades da criança. Isso leva mais uma vez à relação de poder do mundo adulto sobre o mundo infantil, que já estava presente em *Meu pé de laranja lima*.

Tendo realizado alguns curtas-metragens com excelente recepção da crítica, em especial seu trabalho sobre os manicômios, *Em nome da razão* (1980), o mineiro Helvécio Ratton optou pelo cinema infantil para a sua entrada no longa-metragem. *A dança dos bonecos* (1985) foi produzido por meio de um convênio entre a Embrafilme e o governo estadual de Minas Gerais, como parte de uma política de descentralização da produção.

A dança dos bonecos conta a história de uma dupla de mambembes, Mr. Kapa e Geleia, que chegam ao vilarejo de Beleléu no interior de Minas Gerais. Mistura de atores e charlatões, eles vendem às plateias de suas apresentações em praça pública um líquido que curaria as mais diversas doenças. Quando um deles vai encher os frascos do líquido num riacho próximo a Beleléu, uma mulher que poderia ser a Iara (embora isso não fique explícito no filme) encanta a porção de água. O avô de Ritinha é um artesão que fabrica brinquedos e bonecos de madeira, três dos quais pertencem a sua neta. Depois de um espetáculo de Mr. Kapa e Geleia, ele compra um vidro do líquido mágico e o dá para Ritinha brincar. Naquela noite, antes de dormir, a menina passa o produto sobre seus bonecos, que, durante a madrugada, começam a se mover e emitir murmúrios, e ganham a vida que até então somente possuíam na imaginação da menina. Mas os executivos de um industrial de brinquedos descobrem o que aconteceu e incumbem Mr. Kapa e Geleia de roubarem os bonecos para que seu patrão os lance como novos produtos num grande show na TV.

Em *A dança dos bonecos*, não existe qualquer vestígio de heranças teatrais, embora entre os personagens estejam dois mambembes, que de certo modo homenageiam as origens do teatro. É através dos recursos da linguagem cinematográfica que Ratton estrutura toda a narrativa. Como na cena em que Ritinha descobre o desaparecimento de Tisiu, Bubu e Totoca. A menina dorme enquanto são roubados os bonecos, que simultaneamente desaparecem das gangorras onde balançam em seu sonho.

Por trás da origem de *A dança dos bonecos*, há um ponto de partida similar ao de *O cavalinho azul*: o pai cineasta.

> Quando realizei *A dança dos bonecos* minhas filhas estavam com 6 e 8 anos, e eu ia muito ao cinema com elas. E quase sempre saía do cinema profundamente irritado com o que tinha assistido. A quase totalidade da produção dirigida ao público infantil, tanto estrangeira quanto nacional, era (e continua sendo) ruim, burra e mais preocupada em vender produtos do que em contar uma boa história. Esse sentimento foi que me impulsionou a fazer um filme dirigido às crianças, mas que fosse capaz também de dialogar com o público adulto. Afinal, a criança não vai sozinha ao cinema e sempre curti muito assistir a espetáculos, ler livros, ver filmes junto com as crianças. E ver filmes infantis tão picaretas, tão descaradamente vendedores de porcarias, me levou a fazer um filme como *A dança dos bonecos*, que tem um sentido claro anticapitalista.[35]

A simplicidade é a grande tônica de *A dança dos bonecos*. Toda a magia do filme é criada a partir da abertura para a fantasia e não através dos efeitos especiais (que se restringem, praticamente, à movimentação dos bonecos). Como na cena em que Tisiu, Totoca e Bubu se tornam vivos, quando apenas um efeito de iluminação marca o instante em que passam a se mexer. Não há luzes nem raios mirabolantes: tudo ocorre naturalmente, como na própria imaginação da criança. O mundo em torno de Ritinha é também caracterizado pelo tom do despojamento, a começar pelos próprios bonecos, que são de madeira e não de plástico. Ritinha os coloca para dormir, conversa com eles, canta para niná-los, sonha que balançam juntos numa gangorra. Enfim, busca-se em *A dança dos bonecos* restabelecer o contato com uma infância povoada de imaginação e criatividade interior. Uma infância ativa que, no filme, é explicitada com o convite para sempre se buscar aquilo que se quer. Quando a menina tem os seus bonecos roubados pelos mambembes, que serão novamente roubados pelo industrial do ramo de brinquedos, J. Domina, ela não chora e se desespera, mas sai pelo mundo atrás de seus queridos bonecos.

Nos contos de fadas, é comum que a criança ou o personagem principal seja obrigado a deixar o seu ambiente doméstico, o seu "lar", e partir para o mundo em busca da solução do problema que lhe foi colocado, amadurecendo durante o trajeto ao longo da história. Ritinha também precisa partir para reencontrar os brinquedos. Do mesmo modo que em *O cavalinho azul,* o menino não chora quando seu cavalo é vendido, mas se propõe a seguir "Brasil afora" para reconquistar o bem perdido. No filme de Ratton, há um fator adicional que torna a sua mensagem ainda mais oportuna para a criança: a personagem principal que sai e vai à luta é do sexo feminino.

Também da década de 1980 são as primeiras produções do desenhista Mauricio de Sousa, que levou para o cinema seus personagens bem-sucedidos nas histórias em quadrinhos, numa série que começou com *As aventuras da Turma da Mônica* (1982). Nos quatro blocos daquele filme, as animações são intercaladas com intervenções do próprio diretor/produtor, que contracena com seus personagens, numa distante menção a filmes da Disney como

Fantasia (na cena em que Mickey interpela o maestro, por exemplo) ou *Mary Poppins* (quando os atores dançam com personagens animados).

Mas esse talvez seja, justamente, o único problema narrativo do filme, embora superado com uma expressiva contribuição da bela música de Remo Usai. Os primeiros minutos de As *aventuras da Turma da Mônica* são dedicados a uma longa e dispensável exposição do próprio Sousa sobre a personalidade de cada um de seus personagens, sendo que no início do filme, as canções já se encarregam de fazer essa mesma explanação de uma maneira muito mais agradável para o espectador. Além disso, do ponto de vista de cenários e ambientação, essa primeira experiência nacional de fusão entre atores (no caso, o criador Mauricio de Sousa poderia ser considerado um personagem, ainda que real) e animação ainda tinha raízes muito fincadas nas histórias em quadrinhos, característica que seria superada nos seus filmes seguintes.

Em 1994, *Era uma vez...*, de Arturo Uranga, buscou inspiração diretamente nos contos de fadas para tentar atingir o público infantil. Porém, assim como *As quatro chaves mágicas*, o filme de Uranga destinou-se a públicos bem mais velhos. Embora evocando as mitologias de príncipes e princesas e trabalhando com elementos da literatura de "capa e espada", o tratamento do roteiro é claramente focado num público de outra faixa etária. Contando a história de um cavaleiro desastrado e seu escudeiro, que viajam junto com uma jovem que leva consigo um sapo — um possível príncipe —, o filme utiliza elementos dos contos de fada e das histórias de fantasia de uma forma ao mesmo tempo satírica e evocativa. No entanto, as piadas e os *plots* do enredo abordam questões que não falam ao universo infantil, além do fato de nenhum dos personagens principais ser uma criança, fatores que tornam também inadequada sua inclusão em algumas filmografias do gênero.

Nos anos 1980 e 1990 a literatura brasileira já não era mais lembrada como fonte de inspiração dos filmes para crianças. A exceção mais expressiva ficou por conta do segundo longa de Helvécio Ratton, *O Menino Maluquinho*, baseado na obra homônima de Ziraldo. O livro tem, relativamente, pouco texto, e coube ao roteiro "imaginar" o cotidiano do personagem criado por Ziraldo. A história é a de um menino sensível e levado que vive em Belo Horizonte em meados dos anos 1950/1960. Trata-se de um filho único de classe média que divide o seu dia entre os colegas de rua, a escola, a família e a relação com o avô, que mora numa cidade do interior. Corridas com carros de rolimã, roubo de frutas em árvores, jogos de rua são as cenas mais frequentes ao longo do filme.

> Tivemos muita dificuldade com o roteiro. Na verdade, o livro do Ziraldo não conta uma história, cria um personagem, um menino bastante "drumondiano" em seu sentimento do mundo. As primeiras versões do roteiro que foram escritas, sem minha participação, se apoiavam mais no Maluquinho das tirinhas de jornal do que no personagem do livro. Só pra dar um exemplo bem claro da diferença entre ambos: na tirinha, o Maluquinho está sempre com a panela na cabeça, no livro não. E eu achava insuportável a ideia de um menino com uma panela na cabeça o tempo todo. E falei isso para o Ziraldo, que me interessava o menino poético do livro e não tanto as peripécias das tirinhas e ele concordou. Reescrevemos juntos o roteiro que acabou sendo filmado.[36]

O Menino Maluquinho chama a atenção por retratar o cotidiano de uma família de classe média na qual não se encontram alguns dos elementos básicos da sociedade de consumo. Não existe televisão e nem comprar é um ato que conduza à felicidade das crianças ou do grupo familiar. O tempo que seria gasto diante do aparelho de TV ou do rádio, já que a ação se desenrola nos anos 1950/1960, é substituído por atividades em que Maluquinho e seus amigos produzem sua própria cultura nos termos colocados por Emir Perrotti.[37]

Embora contenha muitas cenas leves e descontraídas, o filme toca em questões existenciais e que podem fazer parte da vida real do espectador infantil, como a separação dos pais e a morte de parentes. Mas se o drama ronda algumas cenas, o filme não entrega o pequeno espectador a um estado de desânimo como acontecia em *Meu pé de laranja lima*. A morte do avô de Maluquinho, por exemplo, é seguida por um animado jogo de futebol num campinho feito em sua homenagem. Se Maluquinho sofre ao saber do divórcio dos pais, nas cenas seguintes ele já está de volta ao seu mundo lúdico. Uma outra particularidade importante em *O Menino Maluquinho* é que, se sua base é de cunho realista, são intercalados momentos em que a realidade se torna mágica. É o caso da cena em que os garotos sobem numa árvore para roubar frutas e são acuados por cães ferozes. Quando eles já estão no alto, com os animais em seu encalço, sem nenhuma saída aparente, surge dos céus o avô pilotando um grande balão. É um incentivo à capacidade da criança para encontrar a magia dentro do real.

Helvécio Ratton observa que a filmagem de *O Menino Maluquinho* não foi uma ideia sua, mas do produtor Tarcísio Vidigal. "Eu relutei porque minha ideia era filmar uma história passada nos 'anos de chumbo' e dirigida ao público adulto. Mas o personagem do Maluquinho me atraía porque significava a possibilidade de falar de minha infância."[38] São efetivamente perceptíveis no filme os elementos quase nostálgicos de uma infância que se situa historicamente em Belo Horizonte, nas décadas de 1950/1960, quando as ruas ainda eram um espaço explorado pelas crianças e a televisão não sedimentara o seu poder de monopólio das atenções da sociedade.

Do ponto de vista da produção, *O Menino Maluquinho* desfrutou de melhores condições de produção que o filme anterior do diretor.

> A produção do *Maluquinho* teve mais recursos que *A dança dos bonecos*. Mesmo assim, foi uma produção sem luxos, realizada num momento em que o cinema brasileiro estava vivendo um momento de inanição e ainda não havia a Lei do Audiovisual. A escolha do ator pra viver o Maluquinho foi um grande desafio. Fizemos milhares de testes em BH, Rio e São Paulo e acabei tomando uma decisão sozinho porque o Ziraldo estava em viagem na África. O Samuel, garoto que viveu o Maluquinho no filme, apareceu nos testes em São Paulo, com um brilho incrível, eu o chamei para novos testes em BH, com mais cinco meninos, e não tive dúvidas.[39]

O século XX se encerrou com os lançamentos de *Tainá*, de Tânia Lamarca e Sérgio Bloch, ambientado na Amazônia, que obteve bom êxito de público, e de *O Menino Maluquinho 2*, dirigido por Fernando Meirelles e Fabrizia Pinto e produzido por Ziraldo e Tarcísio Vidigal.

A pequena Tainá anda pela floresta libertando bichos que são pegos pelos contrabandistas de animais. Vive com seu tio, um velho índio que lhe transmite a cultura da selva. Quando ele morre, não há um tom dramático como em *Meu pé de laranja lima*, mas uma transição natural similar à que tem lugar em *O Menino Maluquinho*. Logo em seguida à cena da morte, que acontece sem sobressaltos, Tainá caminha pela floresta ouvindo a voz de seu tio, que lhe diz: "Índio não morre, Tainá. Vira pássaro. Vira bicho. Índio vira floresta." Efetivamente, o cinema infantil brasileiro aprendera a narrar situações melancólicas para seu público.

Depois da morte do avô, Tainá continua salvando os animais dos contrabandistas até ser capturada por eles. Nesse meio-tempo, torna-se amiga de um homem branco que vive numa casa flutuante e a introduz nos costumes da sociedade branca, quando a leva para voar num avião e dança com ela um ritmo meio nordestino, meio caribenho, mas com passos e rebolados típicos das danças televisivas. A menina mantém aceso um senso crítico em relação aos encontros/desencontros das duas civilizações, conduzindo consigo também o espectador. Quando voam pela primeira vez, ela comenta com o amigo adulto: "Tainá quer dizer luz da manhã. E Rodolfo, quer dizer o quê?"

Em *Tainá*, a vida na natureza (que pode ser lida como a vida em simplicidade) é contraposta ao mundo do consumo e da tecnologia. A convivência entre a menina índia e o garoto Joninho, que sente saudades dos shopping centers e dos hambúrgueres, ressalta essa oposição tradição/consumo que estava fortemente presente também nos filmes de Helvécio Ratton. Tainá sente saudades de sua aldeia, para onde deseja voltar, e o menino quer, por sua vez, reencontrar o ambiente urbano e a proximidade do consumo. No decorrer do filme, essa dualidade representada pelas duas crianças vai se confrontando em várias situações até atingir uma espécie de simbiose final.

No final do filme, os dois mundos parecem se integrar. O conhecimento do garoto nos jogos de video game o ajuda a pilotar um hidroavião e permite que as duas crianças se salvem num momento de perigo. E, quando o avião derrapa na água, é a vez de Tainá sentir medo, assim como o menino se acovardara diante de uma cobra. As verdades são relativas. As culturas se complementam.

A tônica de aventura segue uma linha que lembra os filmes de Tio Maneco. E do mesmo modo que naqueles filmes e em *A dança dos bonecos*, são as duas crianças que, apesar de sua fragilidade, têm o poder de transformar a realidade. Os adultos "heróis" de *Tainá* partem atrás dos dois pequenos fugitivos, mas terminam eles mesmos prisioneiros dos contrabandistas, e são justamente as crianças que conseguem libertá-los. Tainá é senhora de seu destino. Sobrevive sozinha num meio adulto e estrangeiro, quando vai para a cidade. É através de seus próprios atos, e da convivência com o garoto Joninho, que ela se desenvolve e amadurece.

Filmes como *Tainá* ou *O Menino Maluquinho* falam sobre vida e morte, abordam a sobrevivência e a luta contra poderes aparentemente maiores que o dos protagonistas. Assim como fazem os contos de fadas. Mas enquanto esses atuam no subsconsciente e no inconsciente da criança, os filmes falam diretamente à sua consciência. Atuando por uma frente distinta, eles podem ajudar a criança a trabalhar sua relação com a vida.

Foram importantes na cinematografia infantil brasileira mais dois desenhos animados realizados no final do século XX: *Cassiopeia* (1996) e *O grilo feliz* (2001). O primeiro, realizado por Clóvis Vieira, contou uma história com elementos de ficção científica e foi o primeiro longa-metragem inteiramente realizado em computador, antes mesmo da experiência hollywoodiana de *Toy Story* (John Lasseter, 1995). O filme conta a história de Ateneia, planeta localizado na constelação de Cassiopeia. Os personagens têm traços de robôs, evocando algumas caracterizações de *Os Jetsons*, enquanto a trama reúne influências do gênero *Space Opera* da ficção científica. As evoluções de naves espaciais, por sua vez, remetem explicitamente a *Guerra nas estrelas* e à série de *Jornada nas estrelas* (*Star Trek*), enquanto as cenas passadas em ambientes internos lembram séries clássicas televisivas como as produzidas na década de 1970 pelo inglês Genne Rodenberry (*Espaço 1999*, *Capitão Escarlate*, *U.F.O.* etc.).

Embora enfatize o lado aventuresco da ficção científica, *Cassiopeia* transmite valores, mais ou menos explicitamente. Se há batalhas espaciais na linha de *Guerra nas estrelas*, em *Cassiopeia* os alvos dos heróis são as armas dos inimigos. Estes não são destruídos, mas condenados a viver numa espécie de exílio. As armas, normalmente imprescindíveis num filme de ação, são exauridas de seu poder de destruição. A mensagem é ambígua e arriscada, na medida em que se cria uma falsa imagem dos armamentos, embora por outro lado se abra a possibilidade do uso da força sem violência como instrumento mantenedor da justiça e da segurança na sociedade.[40]

Em *Cassiopeia*, a lealdade é exaltada como um valor a ser preservado. O comandante dos monstros invasores não recompensa o oficial que delata o companheiro em busca de promoção e reconhecimento. Até no "mal" se preserva a lealdade. E quando ordena um ataque, aquele mesmo comandante recomenda que "se evitem atingir alvos civis". Ou seja, o "mal" não é aqui absoluto, resta-lhe algum viés moral.

O diretor Walbercy Ribas demorou vinte anos para concluir *O grilo feliz*, sobre um grupo de animais da floresta que são liderados pelo grilo cantor e lutam contra o lagarto vilão que deseja proibir músicas e roubar a estrela inspiradora do herói. Embora os personagens do filme tenham sido usados, originalmente, em peças publicitárias de uma marca de eletrônicos, a distância na conclusão da produção se encarregou de apagar os vínculos com a cultura televisiva e/ou consumista que o projeto pudesse trazer na sua origem.

ADAPTAÇÕES E O PÚBLICO INFANTIL

Parte da história do cinema infantil brasileiro foi escrita a partir da literatura. Mesmo quando a base estava em textos teatrais ou em projetos originais, havia por trás a influência de uma herança literária, explícita ou não. Em alguns filmes nacionais, a excessiva busca de uma aproximação com o texto original cerceou maiores voos às adaptações. Ao passo que, em outros, foi justamente a liberdade que permitiu que o filme ganhasse um voo com personalidade própria. Foi o caso, por exemplo, de *O Menino Maluquinho*, beneficiado, talvez, pelo fato de se basear numa história já originalmente pequena e enxuta.

Adaptações podem provocar uma aproximação do espectador com a literatura ou simplesmente a desconsiderar, colocando-se acima e à parte do livro. Esse efeito talvez não tenha nenhum vínculo com a fidelidade ou não ao livro original. Não é esse o fator que gerará atratividade para a literatura por parte de uma arte mais popular como o cinema ou de um meio mais digerível como a televisão, e sim a sinceridade e a ousadia com que se debruça sobre o trabalho do autor.

Não é mera coincidência que Monteiro Lobato e Maria Clara Machado encontrassem em *O saci* e *O cavalinho azul*, respectivamente, suas melhores transposições para o cinema. Não que às outras adaptações tenha faltado respeito pelo público infantil, embora talvez careçam de uma melhor compreensão desse público. Douglas Street menciona, a respeito do assunto, uma frase do diretor Lewis Milestone: "Se você quer produzir uma rosa você não pegará a flor e a colocará na terra. Em vez disso, você tomará a semente e a plantará no solo. Dali crescerá uma outra rosa."[41]

Com relação ao cinema infantil, isso é também uma verdade, mas não a mais importante. Quer se trate de um texto adaptado ou não, a questão nevrálgica do cinema infantil estará sempre na especificidade de seu público, como pontua Maureen Gaffney: "(...) transposições da literatura infantil para a mídia visual são mais afetadas pela atitude do realizador em relação às crianças que por qualquer outra consideração."[42]

LITERATURA E CINEMA INFANTIS NO BRASIL:
UMA RELAÇÃO NÃO CONSUMADA

Na Europa e nos Estados Unidos, a literatura esteve ligada às origens do cinema infantil e manteve esse vínculo até os dias atuais. *Harry Potter* e *O Senhor dos Anéis* são apenas alguns dos fenômenos mais recentes e de maior expressão desse feliz casamento entre as duas artes e indústrias. No Brasil, ao contrário, quando os livros tinham uma efetiva (ainda que limitada) penetração na sociedade, foram feitos poucos filmes para o segmento infantojuvenil; e quando essa produção cresceu um pouco mais, a literatura foi quase completamente esquecida, tendo Monteiro Lobato, José Mauro de Vasconcelos e Maria Clara Machado se transformado em honrosas exceções.

Embora a literatura infantojuvenil seja uma das categorias de maior sucesso no mercado editorial nacional, nenhum dos autores que surgiram ou se destacaram a partir da década de 1970 teve seus trabalhos levados ao cinema. Nem Ana Maria Machado ou Lygia Bojunga, que receberam prestigiados prêmios internacionais do gênero, ultrapassaram essa fronteira. Da mesma forma que Tatiana Belinky, Lúcia Machado de Almeida, Ruth Rocha, Ângela Lago e os muitos nomes que têm uma obra reconhecida em termos de crítica e de público.

Assim como não dialogou com o nosso cinema, a literatura infantil e nacional também não viabilizou um crescimento expressivo do número de leitores adultos. Na realidade, por mais contraditório que seja, a política pública que permitiu a expansão da literatura infantojuvenil no país pode estar por trás do crescente desinteresse da população pelo livro. A lei da reforma do ensino, na década de 1970, tornou obrigatória a adoção de livros de autores brasileiros nas escolas de ensino fundamental, numa prática que pôs "em risco a leitura como fonte de prazer e de fruição".[43]

Maria da Glória Bordini registra que o maior crescimento da indústria editorial brasileira se verificou justamente durante os anos 1970, em razão dos ganhos da inflação e do mercado cativo criado pelas aquisições das escolas, e principalmente do governo para os estabelecimentos públicos, face às exigências legais.[44] Pensamento similar é manifestado por Nilma Gonçalves Lacerda:

> Passando a ser a grande mediadora entre livro e criança, entre livro e jovem, a escola terá sido responsável, de um lado, pelo acesso de muito leitor ao livro, de outro pelo estabelecimento de uma indústria de sucata livresca para o consumo de crianças e jovens.[45]

Este, claro, é um retrato generalizado. Ambas as autoras se encarregam de listar as grandes exceções que, a partir daquele período, vêm fazendo uma literatura infantil pautada na inventividade e no respeito pelos leitores. Mas, pensando ainda em termos gerais, é inevitável supor que esse quadro que se arrasta ao longo das últimas décadas pelas escolas do país responde, também, pela formação de um imenso público de não leitores. É importante ressaltar também a participação, na construção desse contexto, da própria educação escolar, que no Brasil começou tardiamente. E que, durante a ditadura, houve um significativo retrocesso em relação ao pequeno avanço que já se havia alcançado em termos da formação de uma população não apenas alfabetizada, mas efetivamente letrada.

Vale a ressalva de que a redução do número de leitores é um processo que vem atingindo não somente o Brasil, mas todo o mundo ocidental. Do mesmo modo, a "profissionalização" da indústria editorial gerou a produção de livros em série, esvaziando seu conteúdo. George Steiner registrou a sua perplexidade com esse quadro num pequeno ensaio sobre o risco do fim da literatura:

> Estamos diante de uma paradoxal prodigalidade. Publicam-se mais livros do que nunca, e, no entanto, eles se destroem rapidamente. Há uma grande produção, mas só uma parte muito pequena está à altura das circunstâncias. O talento, já por si escasso, está se transferindo aos meios rivais: a televisão, o cinema e as artes afins.[46]

As ideias de Steiner parecem fazer coro com as palavras de Bordoni sobre a explosão do mercado de livros "paradidáticos" (como são chamados os livros de literatura adotados por exigência legal pelas escolas) no Brasil, a baixa qualidade decorrente dessa pressão do mercado, e a ligação disso tudo com o crescente desinteresse das crianças (e dos adultos) pelo livro no país. No entanto, ambas as colocações parecem ecoar um conceito saudosista da relação com o livro. Steiner, embora teça elogios ao cinema, o coloca como "rival" da literatura. O fato é que a literatura é uma arte antiga, que conviveu durante séculos com a respeitável auréola de arte com "A" maiúsculo, enquanto o cinema já nasceu como um filho da era industrial, dentro do capitalismo.[47]

No Brasil, o mercado editorial, ainda que amplo, não chegou ao nível de profissionalismo de marketing existente no primeiro mundo, onde lançar um livro envolve um planejamento igual ao do lançamento de qualquer sabonete. É um produto pensado e tratado enquanto produto. Com a oferta de uma grande variedade de obras, inevitavelmente a maioria tem o mesmo objetivo de uma pasta de dente, ou seja, o consumo. Mas, no bojo desse volume, cria-se espaço para o surgimento de obras expressivas, que Steiner opta por desconsiderar, embora Bordoni o reconheça no caso da literatura infantil brasileira.

Mas nada disso se sobrepõe ao fato de que, no Brasil, problemas estruturais do setor educacional e cultural mantêm o livro como um objeto distante do foco de interesse da maior parte da população. Infelizmente, uma análise feita há mais de dez anos continua fazendo sentido no cenário educacional e cultural de hoje:

> No ano 2000, as projeções indicam que seremos 165 milhões e, se o consumo de livros continuar crescendo apenas passivamente, produziremos cerca de 2,5 livros per capita — isto é, estaremos marcando passo. A situação é, aliás, pior do que pode parecer: destes 2,4 livros per capita produzidos nos últimos três anos, apenas 0,7 são livros não didáticos. Ou seja, o livro didático, que é praticamente obrigatório e distribuído gratuitamente pelo governo federal, constitui a imensa maioria dos livros consumidos em nosso país. Pode-se afirmar que, na prática, o único livro que o povo brasileiro conhece é o escolar, e que, terminada a escola, ele deixa de ter qualquer contato com este instrumento fundamental para o desenvolvimento social, político e econômico da nação e dos indivíduos.[48]

Entre as causas desse processo está também a forma como ocorreu o afastamento da infância do espaço público, como aponta Edmir Perroti. Restrita aos espaços da família e da escola, a criança perdeu significativamente suas possibilidades de produzir cultura.[49] Mas não se trata de responsabilizar apenas a televisão ou os meios audiovisuais pelo distanciamento do público em relação ao livro. Em *Apocalípticos e integrados*, Umberto Eco já chamava a atenção para o fato de que a televisão somente afasta os livros "em casos que a leitura não constitui elemento da formação cultural".[50] Considerando-se a tardia estruturação do sistema educacional brasileiro, a lenta superação dos índices de analfabetismo e a extrema desigualdade na distribuição de renda, talvez se possa afirmar que, no processo cultural brasileiro como um todo, a leitura não constituiu elemento decisivo de formação cultural. E, então, nesse caso, a TV assumiu um papel importante na responsabilidade pelos baixos níveis de leitura e de interesse pelo livro.

Dessa maneira, pode ser explicado também o fraco interesse do cinema infantil nacional contemporâneo pela adaptação de textos literários. Num país que não lê, qual a vantagem, em termos de atração de público, em se fazer filmes baseados em livros? Contudo, é muito mais a hipertrofia da TV e não a atrofia do livro que respondem pelo domínio de Xuxa e dos Trapalhões, embora seja também sintomático o fato de que mesmo as produções sem vínculo direto com a televisão não possuem laços com a literatura infantojuvenil, a exemplo de *Tainá*, *A dança dos bonecos*, *O grilo feliz*, *Cassiopeia* etc.

Enfim, a literatura e o livro enfrentam uma crise, que, no Brasil, é amplificada por questões ligadas à educação, aos padrões de renda, mas principalmente pela forte penetração da TV em todos os níveis da sociedade. E para piorar a situação, a televisão brasileira mantém o livro à distância, rotulando-o como um produto sem apelo popular e, portanto, sem atrativos para os interesses econômicos do meio. Os contatos entre literatura e televisão se restringem aos guetos dos raros programas sobre livros transmitidos por emissoras educativas. No entanto, nas raras vezes em que o livro encontrou espaço na TV comercial, ocorreram efeitos positivos na vendagem dos títulos focados. O cinema acompanha essa visão e, assim, a literatura para crianças é algo que sequer parece passar pela mente dos realizadores nacionais. Enquanto essas situações se mantiverem inalteradas, a literatura infantil brasileira continuará carente de um diálogo com o cinema nacional, num cenário em que todos perdem: a literatura, o cinema e, em especial, o público brasileiro.

A literatura cumpre um papel fundamental no desenvolvimento da imaginação da criança. Quando pequena, é por meio de alguém que lhe conta histórias — ao pé da fogueira ou ao lado da cama na hora de dormir — que sua mente e seu inconsciente reconstroem o mundo de uma forma mais livre, desmontando e tornando a montar a realidade, ajudando-a a compreendê-la através da imaginação e não somente pela razão, muitas vezes estranha, que a cerca. Mais tarde, será viajando sozinha pelos textos, em caravelas ou naves espaciais, combatendo monstros e vilões e descobrindo a justiça ou as injustiças humanas, mas sempre recriando a sua própria visão para as narrativas dos escritores que a atraíram para o universo da fantasia.

O cinema pode cumprir um outro papel distinto, fomentando a capacidade de vivenciar novos universos narrativos por meio dos recursos da imagem e do som. Mas, em ambos, literatura e cinema, isso somente será possível de acordo com a postura que os seus autores assumirem diante da criança. Depende de se querer um leitor ou um espectador ativo, cuja própria criatividade dialogue com o mundo imaginário do livro ou do cinema e que receba indagações inteligentes destinadas a instigar sua mente e seus sentimentos. Ou de se querer um espectador passivo, cuja capacidade de ação se restrinja a ficar feliz em ver os seus atores preferidos, em repetir as frases prontas que lhe são apresentadas, em comprar os discos dos cantores que são os mesmos cujos passos de dança repete diante do aparelho de TV, e cuja atitude mais independente será a de bater palmas quando for convidado a fazê-lo. Enfim, depende de como seria o ser humano que nós gostaríamos que habitasse a Terra no futuro. Ou, ainda, de qual futuro desejamos para nossos próprios filhos.

Notas

1. SANDRONI, L. "De Lobato à década de 1970". In: SERRA, E. D. *30 anos de literatura para crianças e jovens:* algumas leituras. Campinas: Mercado de Letras/ABL, 1998, p. 11.
2. PENTEADO, José Roberto Whitaker. *Os filhos de Lobato: o imaginário infantil na ideologia do adulto.* Rio de Janeiro: Dunya Editora, 1997.
3. SANDRONI, L., *op. cit.*, p. 17.
4. COELHO, N. N. *Panorama histórico da literatura infantojuvenil.* 4. ed. São Paulo: Ática, 1991, p. 257.
5. WOJCIK-ANDREWS, I., *Children's Films History, Ideology, Pedagogy, Theory.* Nova York: Garland Publishing, 2000, p. 29-31.

6. SCHVARZMAN, Sheila. *As três utopias de Humberto Mauro*. Tese de doutorado. Campinas: IFCH, Universidade Estadual de Campinas, p. 119.
7. *Ibidem*, p. 124.
8. MORETTIN, Eduardo Victorio. "Cinema, história e educação: uma análise do filme 'Os Bandeirantes' (1940), de Humberto Mauro." In: BARROS, Armando Martins. *Pedagogia da imagem, imagem na pedagogia: anais do Seminário*. Rio de Janeiro: Universidade Federal Fluminense/Faculdade de Educação, 1995, p. 182.
9. MORETTIN, Eduardo Victorio. *Cinema educativo: uma abordagem histórica*. São Paulo: Comunicação e Educação, USP/Editora Moderna/Communication Research Center, set./dez. 1995, p. 182.
10. MEIRELLES, Cecília. *Crônicas de educação*, vol. 4. Rio de Janeiro: Nova Fronteira, 2001, p. 55.
11. SCHVARZMAN, S., *op. cit.*, p. 118-149.
12. *Cinearte*, n. 415, 15 de maio de 1935, p. 5. In: ALMEIDA, Cláudio Aguiar. "Cinema brasileiro no Estado Novo: o diálogo com a Itália, Alemanha e URSS." *Revista de Sociologia e Política*, n. 12, p. 121-129, Curitiba, junho de 1999.
13. ALMEIDA, Cláudio Aguiar, *op. cit.*, p. 121-129.
14. SCHVARZMAN, S., *op. cit.*, p. 122-123.
15. ROQUETTE-PINTO, Edgard. "O Instituto Nacional de Cinema Educativo." *Revista do Serviço Público*. Rio de Janeiro, ano VII, v. I, n. 3, março de 1944. In: COUTO, José Geraldo *et al*. *Cinema: Uma introdução à produção cinematográfica*. 2. ed. Fundação para o Desenvolvimento da Educação: São Paulo, 1993.
16. SCHVARZMAN, S., *op. cit.*, p. 312.
17. PASSERINI, Sueli Pecci. *O fio de Ariadne: um caminho para a narração de histórias*. São Paulo: Antroposófica, 1998, p. 54.
18. CATANI, A. M. C. "A aventura industrial e o Cinema Paulista (1930-1955)." In: RAMOS, Fernão. *História do Cinema Brasileiro*. São Paulo: Art Editora, 1987, p. 277.
19. NANNI, Rodolpho. Depoimento ao autor.
20. *Idem*.
21. *Idem*.
22. GALVÃO, Maria Rita. "O desenvolvimento das ideias sobre cinema independente." *Cadernos da Cinemateca*, n. 4, 1980.
23. NANNI, Rodolpho. Depoimento ao autor.
24. *Mazzaropi, o jeca do Brasil*. Campinas: Editora Átomo, 2002, p. 48.
25. *O Estado de S. Paulo*, 4 de março de 1962.
26. MIRANDA, Luiz F. A. *Dicionário de cineastas brasileiros*. São Paulo: Secretaria Estadual de Cultura de São Paulo/Art Editora, 1990, p. 706.
27. COELHO, N. N., *op. cit.*, p. 148-154.

28. Note-se que o cinema gosta de criar essas relações entre o mundo da literatura e o mundo pretensamente real que se constrói dentro do aparato cinematográfico. É o caso do menino Bastien, que se transpõe para a fantasia em *A história sem fim* ou do monstrengo de *Shrek* (*Shrek*, Andrew Andomson e Vicky Jenson, 2001), que tem sua vizinhança invadida pelos habitantes do mundo das histórias fantasiosas da infância.
29. AZEREDO, Ely. "Cinema 'livre' para menores: Importância do filme 'Livre'." *Filme Cultura*. Rio de Janeiro, ano VI, n. 22, novembro/dezembro de 1972, p. 26; Cf. RAMOS, Fernão e MIRANDA, Luiz F. A., *op. cit.*; BERNADET, Jean-Claude. *Trajetória crítica*. São Paulo: Polis, 1978, p. 162.
30. ESCOREL, Eduardo. Depoimento ao autor.
31. *Idem.*
32. *Idem.*
33. BAZALGETTE, Cary e STAPLES, Terry, *op. cit.*, p. 95.
34. ESCOREL, Eduardo. Depoimento ao autor.
35. RATTON, H. Depoimento ao autor.
36. *Idem.*
37. PERROTTI, Edmir. "A criança e a produção cultural." In: ZILBERMANN, Regina. *A produção cultural para crianças*. Porto Alegre: Mercado Aberto, 1982, p. 12-26.
38. RATTON, H. Depoimento ao autor.
39. *Idem.*
40. A questão do uso de armas em um filme infantil foi observada por Steven Spielberg na reedição de vinte anos de *E.T., o extraterrestre*, quando, na cena em que as crianças e suas bicicletas são perseguidas por viaturas e agentes armados, ele substituiu, nas mãos dos policiais, os rifles da versão original por radiocomunicadores.
41. STREET, Douglas. *Children's Novels and the Movies*. Nova York: Frederick Ungar Publishing, 1983, p. xix.
42. GAFFREY, Maureen. *Point of View and Film Adaptation*. In: STREET, D., *op. cit.*, p. xix.
43. SANDRONI, L. "De Lobato à década de 1970." In: SERRA, E. D. *30 anos de literatura para crianças e jovens: algumas leituras*. Campinas: Mercado de Letras/ABL, 1998, p. 18.
44. BORDINI, Maria da Glória. *A literatura infantil nos anos 80*. In: SERRA, E. D., *op. cit.*, pp. 35-39.
45. LACERDA, Nilma Gonçalves. *A literatura para crianças e jovens nos anos 90*. In: SERRA, E.D., *op. cit.*, p. 7.
46. STEINER, George. "Escritores no Mundo Novo." Rio de Janeiro: *O Globo*, Prosa e Verso, 4 de janeiro de 1997.

47. MELO, João Batista. "Crítico propõe o suicídio da literatura". *O Globo*, Prosa e Verso, Rio de Janeiro, 18 de janeiro de 1997.
48. CROPANI, Ottaviano De Fiori. *Livro, biblioteca e leitura no Brasil.* Disponível em: <http://www9.cultura.gov.br/textos/of01.htm>. Acesso em: 10 de novembro de 2001.
49. PERROTTI, Edmir. "A cultura das ruas." In: PACHECO, Elza Dias. *Comunicação, educação e arte na cultura infantojuvenil.* São Paulo, Loyola, 1991, p. 21-28.
50. ECO, Umberto. *Apocalípticos e integrados.* São Paulo: Perspectiva, 1970.

CAPÍTULO IV Do outro lado do espelho

Com exceção de O *Menino Maluquinho*, não estão registrados, no capítulo anterior, os filmes infantis brasileiros que representaram os maiores sucessos de bilheteria, e nem mesmo a parte mais significativa, em termos numéricos, da produção nacional no gênero. Há todo um outro grande conjunto de filmes que não se basearam em trabalhos literários nem partiram de ideias originais, mas que foram realizados utilizando histórias, personagens ou atores intimamente ligados ao universo da televisão. Essa vinculação entre o cinema infantil brasileiro e a TV remete às principais considerações ideológicas que permeiam o gênero no Brasil, levantando questões sobre ética, cinema infantil e a relação entre criança e mercado.

O primeiro longa-metragem de Helvécio Ratton, *A dança dos bonecos*, provoca uma reflexão importante sobre a cultura infantil no Brasil (e no mundo) a partir das décadas de 1970 e 1980. No filme, executivos do setor de brinquedos roubam os bonecos de madeira da menina Ritinha quando descobrem que esses se movem por si mesmos. O industrial J. Domina, patrão dos executivos, decide usar os bonecos para lançar uma nova linha de brinquedos, cercando o evento com várias ferramentas de marketing. Mas, quando faz isso, as marionetes literalmente perdem o seu encanto. Para Ratton, "a ideia central é que magia e fantasia não se vendem, não podem ser reproduzidas industrialmente, senão perdem seu poder e seu valor. Esse mesmo espírito está na base de *O Menino Maluquinho*, onde o melhor da vida é brincar, e brincadeira não se compra".[1]

Consumo está diretamente relacionado aos meios de comunicação e à publicidade, em especial à televisão. Não por coincidência, entre as décadas de 1970 e 1980, a fonte de inspiração dos filmes infantis brasileiros deslocou-se dos livros para a telinha. Assim como o crescimento vertiginoso daquele meio não ocorreu da noite para o dia, o processo de substituição das fontes do cinema infantil nacional também aconteceu de maneira gradativa. Tanto que não seria possível estabelecer uma separação estanque, em termos temporais, desses dois momentos do gênero no país. Se as influências literárias (ou teatrais, mas ainda assim nascidas do texto escrito) encontram seu auge entre os anos 1950 e 1970, com a realização de O *saci, Pluft, o fantasminha, A dança das bruxas, O picapau amarelo* e *Meu pé de laranja lima*, essa vertente encontra frutos temporões em O *cavalinho azul*, de 1985, e em O *Menino Maluquinho*, de 1995. Simetricamente, a influência da televisão começa lá atrás, ainda na década de 1970, com os primeiros filmes de Renato Aragão, mas se torna cada vez mais forte com a chegada do final do século XX.

A interface entre o cinema e a televisão começou desde o momento em que o novo meio de comunicação começou a se disseminar. O fortalecimento da televisão levou o cinema a reagir através de temáticas cada vez mais voltadas para os adultos, com a inserção crescente de sexo e violência, abordagens que demoraram a romper o espaço da censura existente na tela pequena. Escassearam as produções infantis e familiares e as crianças acabaram encontrando basicamente na televisão sua opção de entretenimento dentro da indústria cultural.

Na década de 1980, principalmente com os projetos de George Lucas e Steven Spielberg, essa tendência foi revertida — não por coincidência numa época em que a televisão se abria para a entrada de temas e imagens mais fortes, que até então se restringiam ao cinema. Em outras palavras, a televisão levou o cinema a adotar uma linguagem e temática adultas para manter o seu mercado, abrindo mão da infância em prol do novo veículo, e, quando essas mesmas linguagem e temática romperam as fronteiras da televisão, o cinema retomou a sua preocupação com o público infantil, que então passou a ser visto como um mercado de grande interesse.

Stephen Kline cita as dificuldades para angariar patrocínios enfrentadas pelas primeiras produções televisivas destinadas às crianças. Em especial porque, naquela época, os pais eram o caminho preferencial para se vender um produto usado pelas crianças. Ele relata, por exemplo, que uma série infantil como *Os Flintstones* foi inicialmente lançada nos Estados Unidos em horário nobre, e somente diante do relativo fracasso naquela faixa é que o desenho da Hanna-Barbera foi assumido como programação destinada às crianças.[2] Isso, obviamente, num tempo em que se podia falar com clareza de um espaço próprio para o público infantil na programação da TV, pois hoje as crianças transitam quase livremente pela grade das emissoras, vendo tudo sozinhas ou acompanhadas pelos adultos.

Não é preciso uma formação específica para ver televisão, embora ela não seja integralmente compreendida pelas crianças menores. Do mesmo modo, trata-se de um aparelho facilmente manipulável. Sem cair na armadilha de supor a criança um ser incompleto em comparação com o adulto (que, na verdade, continua se completando ao longo de toda a vida), ela está num período em que biologicamente sua estrutura mental se encontra em formação. Assim, as crianças contemporâneas têm a sua formação profundamente influenciada pela televisão, especialmente num país como o Brasil, onde a imensa maioria não tem a oportunidade de consumir outros bens culturais e, mais ainda, de produzir suas próprias manifestações culturais. Aqui, devido a fatores como os baixos índices educacionais, o desenvolvimento tardio de um sistema de educação próprio, o analfabetismo e a pouca prática da leitura, a mídia televisiva ganhou uma força bem superior à de vários países.

Mas, afinal, qual é o significado de uma cultura infantil dirigida pela televisão? Embora já abordada, esparsamente, em capítulos anteriores, vale aqui uma tentativa de sintetizar a questão, por mais óbvia ou conhecida que seja.

A televisão é um meio de comunicação com altos custos de manutenção. Para sustentá-la é imprescindível uma interface profunda com o mercado publicitário, que traduz intrinsecamente os interesses do mercado. Se a mecânica de funcionamento da televisão é ditada por essas condicionantes, isso ocorre também com a sua programação, e, mais que isso, com a própria ideologia que ela transmite. Soma-se a isso a necessidade de alcançar os mais elevados índices de audiência, mais uma vez com o objetivo de carrear o maior volume de anúncios publicitários.

Quando todo esse conjunto é repassado, em geral de forma maciça, para o público infantil, está-se diante de um processo de construção de ideologia e de repasse de valores. Numa sociedade em que muitas vezes existe, por parte de pais e de educadores, a preocupação com o dirigismo na educação das crianças, muitas vezes se esquece que existe um sistema, do qual faz parte a televisão — assim como outros meios de comunicação —, que está cada vez mais, seja para o bem ou para o mal, ajudando a definir o conjunto de crenças, hábitos e expectativas de várias gerações de espectadores infantis. Ou seja, que está participando da construção não apenas da cultura infantil, mas também da própria cultura da sociedade.

A mais patente dessas influências é a educação para o consumo, realizada desde a tenra idade pela mídia. Isso numa fase em que a formação da personalidade da criança ainda está altamente suscetível.

> Hoje sabemos que, antes de atingir certa idade, uma substancial proporção de crianças não considera o conceito de "venda" ao definir comerciais, não consegue explicar seu propósito, nem percebe os comerciais como uma tentativa de persuasão que visa o interesse do anunciante. Só a partir dos 7 ou 8 anos as crianças mostram que compreendem de forma mais elaborada os conceitos de "compra e venda". Já que o conhecimento e a informação são uma importante defesa contra o potencial persuasivo da publicidade, as crianças são mais vulneráveis à sua influência e mais suscetíveis de serem enganadas.[3]

Ao recordar que dois terços do total de filmes infantis já feitos no Brasil tiveram sua produção ligada de alguma forma a artistas e celebridades vinculados à televisão, torna-se impossível separar a leitura estética ou histórica do cinema infantil nacional de seus componentes ideológicos.

O BRASIL E A TV

A televisão brasileira surgiu em 1950, quando Assis Chateaubriand inaugurou a TV Tupi Difusora, em São Paulo. No decorrer daquela década, houve um incremento da industrialização, que se refletiu na migração do campo para as cidades. Nesse contexto, a televisão crescia devagar e o rádio se transformava na mídia dominante. Somente quando a circulação de bens de consumo se solidificou a ponto de gerar um fluxo maior de anúncios ocorreu uma efetiva disseminação das emissoras de TV, mas que ainda se restringiam a 15 no início da década de 1960.[4]

A partir de 1964, com o golpe de Estado e a implantação do regime ditatorial, os meios de comunicação, em especial a televisão, passaram a ser objeto da atenção do governo. Os governantes viam na mídia o grande canal para levar à população a sua visão a respeito da realidade nacional. Coincidentemente, aquela foi uma época em que a economia estatal começava a ganhar fôlego, sendo que, em 1980, das duzentas maiores empresas do país, 82 pertenciam ao Estado, o que o transformava no principal anunciante do país. Além disso, o governo atraiu um expressivo número de empresas estrangeiras, ajudando, indiretamente, a viabilizar a chegada de novos recursos aos meios de comunicação. Já em 1967, os maiores anunciantes brasileiros eram as multinacionais. Mesmo quando o público da televisão ainda não despertava forte interesse dos anunciantes, as agências estrangeiras, que já conheciam o seu potencial pela experiência em seus países de origem, se encarregaram de apoiar a produção, chegando até a interferir na própria programação. Havia programas que levavam no próprio nome a marca do patrocinador, sendo um exemplo clássico o telejornal *Repórter Esso*.[5]

Num país iletrado e com o ativo interesse do regime ditatorial, que atuava simultaneamente na expansão do meio e na censura do conteúdo veiculado, a televisão se tornou com rapidez o canal de comunicação preferido pela população brasileira, o que implicou o aumento do investimento publicitário. No final do século XX, 8% das moradias no país tinham no mínimo uma televisão, independentemente da faixa de renda de seus ocupantes. O número de pessoas que assistiam regularmente à televisão equivalia ao dobro do público dos jornais e revistas somados, transformando aquele meio na única fonte de informação da maioria dos brasileiros.[6]

Conforme dados do Grupo Mídia/Meio & Mensagem, em 1988, a televisão abarcou 60,9% dos investimentos em publicidade no país, com valores equivalentes a US$ 2.795.592,34. Em 1999, de acordo com pesquisa do Ibope Monitor, esses valores chegaram a US$ 7,5 bilhões, 55% dos quais ficaram com a TV Globo, líder de público com 40% de audiência.[7] Claramente, esse era um modelo concentrador, que terminou por colocar poder na mão de algumas poucas corporações que, consequentemente, levam à sociedade não apenas os seus produtos, mas sobretudo os seus valores.

TRAPALHÕES: ENTRE O POPULAR E O MERCADOLÓGICO

Dos mais de noventa filmes infantis de longa-metragem já realizados no Brasil até 2004, aproximadamente um terço teve como produtor/mentor o ator/cômico Renato Aragão, e em 21 deles figuram os quatro personagens que se transformaram, durante muito tempo, em sinônimo de filme infantil nacional: os Trapalhões.

O humor dos Trapalhões se insere na trilha da cultura popular que antes teve sua expressão no cinema nacional através da chanchada e de Mazzaropi. É inegável o apelo popular do grupo, traduzido nos diversos recordes de bilheteria no cinema e na longa sobrevivência de seus programas na televisão. Bem como é perceptível a sua ligação com as raízes do circo, uma arte essencialmente popular, e mesmo com o cinema através de Carlitos e das referências, ainda que paródicas, ao universo cinematográfico.

A carreira dos Trapalhões serve como mais um exemplo do poder de que dispõe a televisão em relação a outros meios de comunicação, como o próprio cinema. Se a intenção de Renato Aragão sempre foi a de fazer cinema,[8] quanto mais a sua imagem e a sua carreira se identificaram com o seu trabalho na televisão, mais prevaleceu em seus filmes não apenas a verve circense ou a tradição popular da chanchada, mas uma visão de mundo filtrada pelo enfoque televisivo. Ou seja, seus filmes passaram a mostrar a realidade como vista pela televisão.

Não foi por acaso que, por tanto tempo, os Trapalhões dominaram o mercado do cinema infantojuvenil no país. Ao contrário de Mazzaropi, que fazia filmes para a família, atingindo colateralmente as crianças, o foco de Renato Aragão sempre foi preferencialmente o público infantil.[9] Não se discute que Renato Aragão, na condição de grande autor por trás dos muitos diretores que realizaram seus filmes, alimente uma real e efetiva preocupação com a criança, como demonstram algumas de suas incursões por uma abordagem mais elaborada da infância, a exemplo de *Os saltimbancos Trapalhões* (J. B. Tanko, 1981), escrito a partir da peça de Chico Buarque e Edu Lobo, ou em sua tentativa de abordar a questão do menor abandonado em *Os vagabundos Trapalhões* (J. B. Tanko, 1982).

O problema é que, num campo complexo como o da infância, boa intenção nem sempre é suficiente. Não adianta apenas ter um olhar simpático em relação à criança; é necessário mergulhar profundamente em seu mundo e, dessa forma, tentar compreender como ele se relaciona com a realidade. Mais precisamente, é necessário decodificar como se manifesta o poder que o mundo adulto exerce sobre as crianças. Assim, se por um lado muitos dos filmes dos Trapalhões manifestam uma atenção respeitosa em relação à infância, eles a traem, por exemplo, ao se valerem da empatia para a atraírem aos meandros do consumo. É nessa perspectiva que é possível atribuir a tais filmes o início da permeabilização do cinema infantil nacional pela televisão, a partir da virada das décadas de 1970 e 1980, sendo exemplar desse processo *A princesa Xuxa e os Trapalhões* (José Alvarenga Júnior, 1989).

Assim como em outros trabalhos do grupo no cinema, há em *A princesa Xuxa e os Trapalhões* a apropriação de elementos do imaginário infantil que são deslocados de suas características originais. Nada de mais se considerarmos que estamos transitando no mundo da paródia e no seu natural espírito iconoclasta. Vale observar, por exemplo, que o título princesa é aplicado a uma personagem que se confunde com a intérprete, ratificando a imagem de Xuxa, indissociável de todo o aparato mercadológico e televisivo que a atriz/apresentadora sempre carrega consigo. Nesse caso, representante e representado são os mesmos, ao contrário do que ocorre com o próprio Renato Aragão. Ele é Didi, embora os dois não sejam necessariamente os mesmos. Didi é um personagem de ficção. Mas Xuxa é a própria Xuxa. O filme, assim, a começar pelo título, carrega para a atriz uma carga simbólica que reforça seu posicionamento no imaginário infantil.

Os créditos de *A princesa Xuxa e os Trapalhões*, por sua vez, não são a abertura de um filme, e sim uma peça publicitária de um caldo de galinha. Tem a vantagem de ser mais explícito que um merchandising, mas nem por isso deixa de se utilizar do envolvimento do público com os atores/personagens para incentivar o consumo e a fixação de uma determinada marca. Os filmes dos Trapalhões têm como objetivo o entretenimento, mas somente isso deveria ser oferecido à criança. É para se divertir que ela vai ao cinema, e não para sair dali com a imagem de um determinado produto em sua mente.

Mas não são apenas hábitos de consumo que transmitem os filmes infantis brasileiros originados da televisão. Muitos deles trazem consigo conceitos de raça e gênero que, muitas vezes, reproduzem preconceitos estruturais da sociedade. Por exemplo, nos créditos de *A princesa Xuxa e os Trapalhões*, em que animações representam os quatro atores numa espaçonave, o menino Mussum, negro, termina uma lauta refeição, capitaneada pela galinha do caldo, e, ao final, farto, relaxa e começa a deitar a cabeça na mesa, mas é puxado para controlar uma máquina que lava pratos. O que poderia ser uma crítica às práticas raciais do país pode se transformar, ainda que não intencionalmente, numa piada conformista.

Talvez até influenciados pelo prisma pasteurizador da televisão, os Trapalhões não trazem em seus filmes uma abordagem efetivamente realista da sociedade. Há sempre uma dispersão, como os raios de luz que atravessam um copo de água, fazendo a imagem se mostrar refratada: aparentemente correta, mas deslocada de seu verdadeiro prumo. As crianças pobres que surgem nas histórias não têm uma dimensão verdadeira, são representações de uma visão do que seria uma criança pobre. Filtrada por um conceito de inocência e pureza mais intenso do que o colocado nas crianças das outras classes, são vistas com um olhar de caridosa simpatia. Isso é patente em *Os Trapalhões e a árvore da juventude* (José Alvarenga Júnior, 1991), onde um menino pobre torna-se parceiro do quarteto em suas aventuras, mas é mais visível ainda em *Os vagabundos Trapalhões*. Não se trata de uma visão que penetre ou disseque a realidade para a criança, ainda que pelo nível da emoção e não da razão, como feito em *Filhos do paraíso*, mas sim de um retrato superficial e pasteurizado dessa realidade. Em outras palavras, são filmes que reproduzem, em maior ou menor grau, o filtro pelo qual a televisão enxerga o mundo.

Realçando essa vinculação íntima do show business da TV com a estruturação dos filmes dos Trapalhões, geralmente se encontra no elenco representantes do mercado de consumo televisivo, a exemplo de Sandy e Júnior (*O noviço rebelde*). A participação de ícones do sistema reforça a interface com a criança como uma ponte para cativar sua fidelidade à comunidade de telespectadores e, por consequência, à de consumidores.

Os filmes dos Trapalhões têm sido valorizados nos últimos tempos como uma legítima expressão da cultura popular. Efetivamente, é possível identificar elos entre os Trapalhões e expressões da arte popular. Não há também como negar o forte apelo junto ao público que a arte de Renato Aragão cultivou ao longo dos anos, nem como questionar o seu talento, mas o simples fato de essa ressonância ser encontrada não traduz necessariamente um caráter popular ao seu trabalho no cinema. Como adverte Douglas Kellner, numa longa análise dos estudos culturais ingleses e norte-americanos, há um risco na aplicação da expressão cultura popular aos produtos da indústria cultural, prática que remete à ideia de cultura produzida pelo povo em vez de cultura produzida pela mídia para o povo. Além disso, a ênfase na recepção por parte do público em relação aos filmes dos Trapalhões, assim como, até certo ponto, também aos filmes de Mazzaropi (abordagem que talvez algum dia termine criando uma visão positiva também para os filmes de Xuxa), confunde e apaga a importância de vinculação desses produtos ao contexto econômico e sistêmico em que foram gerados, considerações que se tornam ainda mais relevantes quando se fala de cinema feito para crianças.[10]

> Reagindo contra uma atitude um tanto ascética em relação a certos tipos de cultura da teoria radical mais antiga, argumenta-se que é preciso dar atenção ao prazer do povo no cinema, na televisão ou em outras formas de cultura popular, e que esse prazer deve ser positivamente avaliado e acatado. Embora essa tenha sido uma medida útil em muitos casos, receamos que tenha levado a valorizar certas formas de cultura

precisamente porque são populares e produzem prazer. (...) O prazer em si não é natural nem inocente. Ele é aprendido e, portanto, está intimamente vinculado a poder e conhecimento.[11]

Se Renato Aragão, com seus filmes, conseguiu a louvável façanha de levar aos cinemas mais de 120 milhões de espectadores, seus filmes não vêm conseguindo, nos últimos tempos, obter a mesma receptividade do público. Tentando explicar o fenômeno, Eduardo Valente considera que Renato Aragão conseguiu efetivamente imprimir uma comunicação com o público infantil, porém com uma criança de décadas atrás, que já não encontra ressonância na criança atual. Nesse aspecto, ainda segundo Valente, seus filmes têm se afastado cada vez mais do público ao qual se destina na medida em que Aragão tentou se aproximar da linha adotada pelos novos produtores de cultura cinematográfica infantil no Brasil.[12]

XUXA E O XINEMA INFANTIL

Xuxa Meneghel foi a segunda personalidade de peso a migrar do universo da televisão para o cinema infantil. É bem verdade que ela começou sua carreira no cinema, na vertente adulta, mas sua imagem foi construída dentro do espaço da TV. Com a chegada de Xuxa, se fortaleceu uma tendência que já ensaiava passos com os filmes dos Trapalhões. O cinema, arte cara e industrial, depende de volumosas fontes de recursos financeiros para se viabilizar. Nesse contexto, a publicidade, através do merchandising (exibição ou menção a produtos inseridos em cenários ou cenas dos filmes), tornou-se um elemento fundamental na montagem orçamentária dos filmes. Se isso ocorre no caso das produções hollywoodianas, é uma alternativa de obtenção de recursos muito mais buscada no caso de uma cinematografia periférica do ponto de vista da produção, como é a brasileira.

Não se pode desconsiderar a carência de recursos, crônica no cinema brasileiro, tampouco a constante dificuldade para obter retorno financeiro nas bilheterias. O merchandising e o patrocínio são alguns dos instrumentos que ajudam a viabilizar os filmes nacionais. Porém, quando se produz para o público infantil, é imprescindível que sempre se esteja atento aos delicados limites entre as injunções financeiras e o respeito às características psicológicas do pequeno espectador.

Um produtor brasileiro, escrevendo sobre uma de suas realizações na área infantil, afirmou:

> Bastante diferente dos modos tradicionais de produção brasileiros, privilegiamos produtos que são *brandables*, ou seja, produtos que geram marcas que geram novos produtos. Isso é especialmente importante no segmento infantojuvenil. (...) A fase seguinte prevê a produção de uma série semanal para a televisão com os mesmos personagens, perenizando a relação com os clientes, ampliando e maximizando a exploração dos subprodutos.[13]

Do ponto de vista do mercado, o raciocínio é absolutamente correto, na medida em que se está procurando o retorno do investimento e, além desse, o lucro, meta final dos empreendimentos num sistema capitalista. Como já foi dito, no caso do cinema brasileiro, pode-se estar falando da própria viabilidade econômica do empreendimento. Esse é um círculo do qual é difícil escapar, pois a própria engrenagem do esquema produtivo acaba direcionando tais opções. Em especial num contexto em que faltam recursos para a produção em si, gerando a necessidade de se abrir todas as formas de captação possíveis, e o merchandising é um dos principais caminhos para se conseguir dinheiro.

No entanto, a declaração traduz também a postura com que a indústria cultural se coloca diante da criança. A sinceridade da colocação é louvável pelo que traz de explícito, já que que não encoberta as relações de consumo que se estabelecem com o público infantil. Mas é significativo notar que aqui a criança não faz mais sequer parte de um público que será o receptor de uma produção de cultura. Ela foi convertida em *cliente*, em alguém que vai comprar o produto filme, bem como todos os demais componentes do *mix*, e que deverá ser fidelizado como em qualquer relacionamento comercial. Nessa concepção, o cinema infantil deixa de almejar o status de arte ou mesmo de entretenimento para se transformar em grife.

Após alguns filmes realizados em conjunto com os Trapalhões, Xuxa partiu para uma carreira solo no cinema, com a produção de *Super Xuxa contra o baixo astral* (Anna Penido e David Sommenschein, 1988). Na sequência, vieram *Lua de cristal* (Tizuka Yamasaki, 1990) e *Xuxa requebra* (Tizuka Yamasaki, 1999). Finalmente, ela chegou a um formato de filme explicitamente destinado à criança com *Xuxa e os duendes* (Paulo Sérgio Almeida e Rogério Gomes, 2001), que fala de duendes e fadas, misturando elementos dos contos clássicos e de produções do cinema norte-americano.

O filme conta a história de um príncipe duende que é raptado por ordem de um duende rival, Gorgon, então vivendo no mundo dos humanos. O príncipe duende é encarcerado numa parede no quarto de Nanda, menina vizinha de Kira (Xuxa), proprietária de uma empresa de jardinagem. O duende Gorgon associa-se a um milionário (Gugu Liberato) e deseja comprar a casa de Nanda e sua família, pois aquele lugar é uma espécie de portal para o mundo das fadas, e ele, revoltado com o seu povo de origem, deseja destruí-lo, acabando assim com o mundo dos "seres elementais". Depois de adquirir o terreno, o plano de Gorgon e seu sócio é substituir a mata por indústrias poluidoras.

Xuxa e os duendes começa com uma criança ouvindo alguém que lhe conta uma história. Nesse aspecto, evoca um dos elementos da cultura infantil clássica, sendo possível até estabelecer um paralelo (embora com contextos e objetivos distintos) com o João de Deus que abre *O cavalinho azul*. Mas logo em seguida as linhas de *Xuxa e os duendes* vão se clareando. Nanda tem um quarto onde se veem brinquedos, mas com exceção de um coelho de pelúcia que carrega numa das cenas iniciais, a menina não brinca com eles. Toda a sua atenção está em torno do duende e de sua amiga Kira (Xuxa). É curioso perceber que, em outro momento do filme, quando ela aparece brincando, não o faz sozinha, com outra criança ou com seus pais. Em *A dança dos bonecos*, Ritinha brinca com o universo de sua fantasia. Mas em *Xuxa e os duendes*, Nanda brinca com Xuxa.

Mais importante, Nanda não tem um papel ativo no desenrolar da história. A sua contribuição para o desenvolvimento da trama se restringe a expressões e apelos de ternura e inocência. Nada de errado com essas manifestações, muito ao contrário, exceto quando se prestam a transferir para outrem a possibilidade de transformação do mundo. Se nos contos de fadas e em vários filmes do cinema infantil são as crianças que agem e mudam a realidade (além de Ritinha, podem ser citados Pedrinho em *O saci*, Pluft em *Pluft, o fantasminha,* ou o menino de *O cavalinho azul*), em *Xuxa e os duendes* é Kira (Xuxa) quem vai encontrar a superação dos obstáculos. Quando os bonecos de Ritinha desaparecem, em *A dança dos bonecos*, ela sai pelo mundo disposta a encontrá-los na capital. Por sua vez, quando fica sabendo que a sua casa foi vendida pelos pais, Nanda somente chora e busca apoio em Kira.

O filme reforça a imagem de Xuxa como a grande amiga das crianças, capaz de dar-lhes segurança, afeto e proteção, e, em especial, busca o apelo inconsciente de elementos do imaginário infantil, quando ela se investe mais uma vez do papel de princesa, encontrando na simbologia dos contos de fadas a identificação do público infantil. *Xuxa e os duendes* ainda oferece uma leitura simplificada da realidade. Explorando a temática da defesa da ecologia, o filme transmite conceitos vagos sobre a importância de defender os bens naturais. No caso, o responsável pela devastação da mata em torno da casa da família de Nanda seria o empresário Rico, que pretenderia construir ali um grande empreendimento industrial. Inicialmente, o filme até ameaça retirar a destruição da natureza de um patamar simbólico e abstrato, e atribuí-la ao poder econômico. Mas no final se descobre que a intenção de devastar decorria de uma vingança pessoal do sócio de Rico, o duende/humano Gorgon, e que, na verdade, o empresário era bonzinho e não queria realmente destruir a natureza e entristecer a menina Nanda. Ou seja, desmonta-se a visão sistêmica da questão, que é transformada numa ideia romântica e despolitizada. A preservação da natureza é convertida em produto.

Todas as demais "mensagens" do filme têm sempre um forte teor, não de simplicidade, mas de simplificação, a exemplo do diálogo:

— Quando uma criança nasce, a esperança nasce com ela.
— Esperança de quê?
— Esperança da magia da vida.

Curiosamente, existe pouco ou nenhum merchandising em *Xuxa e os duendes*. Não se vendem efetivamente produtos durante a exibição do filme. Na verdade, todos os componentes do filme é que são os produtos. A começar por Xuxa, que já traz em seu rastro uma miríade de produtos, além de representar a venda de outras marcas às quais associa seu nome (celulares para crianças, por exemplo). A ela se juntam outros astros televisivos, cada um com seu *mix* de produtos que terminam sendo vendidos não diretamente ali no filme, mas através de um processo de associação de imagem. Gugu Liberato, Angélica, Wanessa Camargo, Ana Maria Braga etc. Pensando em termos de marketing, é possível dizer que *Xuxa e os duendes* não é um filme publicitário, naquele sentido que Ratton aponta como sendo o que provoca na criança espectadora a vontade de sair do cinema e comprar alguma coisa. *Xuxa e os duendes* é um filme institucional, que vende a imagem de uma vertente da cultura infantil.[14]

Se *Xuxa e os duendes* é, indiscutivelmente, um trabalho de cinema, sua comunicação com o espectador se faz pelas veias da televisão. Além do arsenal de nomes daquele meio no elenco, os cenários de algumas sequências lembram o artificialismo de certas montagens da TV (poderiam talvez evocar Fellini, mas o que lembram mesmo são as imagens da publicidade), e percebe-se principalmente uma forma de se relacionar com o público que é própria da televisão. Isso fica patente na sequência em que Xuxa, ao lado das fadas, enfrenta o duende Gorgon. Kira começa um pequeno discurso sobre as relações entre a preservação da natureza e a fé (uma fé etereamente dispersa) e no final se volta para a câmera, num gesto que poderia ser de distanciamento, de quebra da transparência cinematográfica, além de evocar um trecho do clássico literário *Peter Pan*, mas que acaba soando como a fala típica de uma apresentadora de televisão quando conversa com os telespectadores:

— Enquanto existir alguém que acredita na força da natureza, a esperança não vai morrer. Você quer ver? Quem acredita, bata palmas. Vamos, batam palmas!

E ouvem-se palmas.

Para construir um envolvimento mágico, *Xuxa e os duendes* se vale de efeitos especiais, de raios luminosos, de monstros e de cenários artificiais. É interessante compará-lo com outro filme em que esse mundo mágico é também parte da narrativa: *A dança dos bonecos*. Ali, a magia se constrói com uma flor, uma pedra, a correnteza de um rio, fogos de artifício. São detalhes que revelam duas visões opostas de infância. Filmes como *Xuxa e os duendes* levam para o cinema o mesmo princípio da televisão na manipulação da fantasia infantil, que, por sua vez, deriva da tática usada pela publicidade no trato com o universo mágico da criança. Como nota Liriam Yanaze numa análise de peças publicitárias voltadas para o público infantil no Brasil e no Japão, a fantasia é um dos recursos mais amplamente utilizados, justamente pela facilidade de atrair e envolver a criança com a sua utilização.[15]

É curioso que alguns diretores que embalam os produtos cinematográficos nascidos da televisão carreguem um senso crítico em relação ao universo ao qual está ligado o seu trabalho. Tizuka Yamasaki, que dirigiu um dos melhores filmes de Renato Aragão (*O noviço rebelde*) e algumas das produções de Xuxa, observou que a "preocupação" ou a atenção para com as crianças esteve na origem de sua decisão de filmar *Lua de cristal*.

> Fiz Lua de cristal porque eu tinha dois filhos, Ilya e Fabio, me exigindo a direção de um filme infantil, e uma filha bebê, Naína, de nove meses. (...) Minha sobrinha, Lissa, de 7 anos, era louca pela Xuxa. E eu não me conformava com as crianças se vestindo como a Xuxa, acreditando que teriam o seu poder de rei Midas! Portanto, quis provocar esse público infantil, mostrando que mesmo a poderosa Xuxa teve que "ralar" para chegar onde chegou: estudar, sofrer etc.[16]

Por sua vez, o diretor de *Xuxa e os duendes 2 — No caminho das fadas*, Paulo Sérgio Almeida, manifesta-se sobre a influência da televisão nas crianças como um caminho quase inevitável:

> Elas não costumam se interessar em descobrir novos personagens. (...) Acho que a produção para o gênero ficou limitada às marcas infantis divulgadas pela TV.[17]

Uma ressalva, porém, precisa ser feita. Do ponto de vista do cinema infantil, *Xuxa e os duendes* é superior aos seus filmes anteriores, já que se propõe a transitar dentro de um universo estritamente (ou quase) infantil. Apesar das simplificações, o filme pode até agradar a crianças e adultos indistintamente. Esse, por outro lado, é o seu maior problema. Na medida em que sua embalagem (como um bom produto de marketing) foi preparada de forma a torná-lo absolutamente palatável, suas mensagens implícitas tendem a passar despercebidas.

De maneira geral, as produções originárias da TV têm também um intuito comercial claro, além da venda do filme em si. Trata-se das várias linhas de produtos criados a partir da história e dos personagens e que ameaçam terminar por ser o real fio condutor da narrativa. Essa é uma tendência dominante na indústria cultural infantil e, no Brasil, Xuxa é, talvez, a marca que melhor aproveita esse nicho.

É o que acontece também no caso das canções. Em seu ensaio *Toward a Theory of the Fairy-Tale Films*, Jack Zipes faz um curioso comentário sobre o machismo nos desenhos da Disney: "Personagens femininas não socorrem a si mesmas nos filmes da Disney, mas elas cantam."[18]

E as personagens femininas de *Xuxa e os duendes* também cantam, embora, neste caso, elas consigam se socorrer. Cantar em filmes foi no início um reflexo dos musicais, transportados por Disney para a estrutura de seus longas animados. Logo em seguida, tornou-se igualmente um canal para a comercialização de discos. Entretanto, é perceptível em boa parte dos filmes infantis norte-americanos, incluindo os de Walt Disney, que a música enquanto produto derivado é um elemento colateral da produção, não necessariamente o principal.

Em *Xuxa e os duendes*, as mulheres já surgem cantando. É verdade que Kira aparece pela primeira vez dirigindo um carro, de boca fechada. Mas na trilha sonora de fundo ela é ouvida interpretando a música tema do filme. Pouco depois, acontece a primeira aparição da fada Mel (Vanessa Ribeiro), que entra em cena cantando e dançando num cenário artificial de grandes flores e cogumelos, típico do que seria um clipe infantil. Em seguida, é a vez de sua irmã, a fada Melissa (Angélica), fazer uma entrada majestosa, voando sobre um bosque contra a grande lua embranquecida, enquanto canta outra canção. Além de criar empatia com o público, essas músicas são mostradas com destaque no intuito de garantir a venda dos discos com a trilha sonora do filme. É claro que o cinema norte-americano sempre fez isso e, muitas vezes, também o cinema europeu. A questão é que em *Xuxa e os duendes* isso acontece de forma tão pontuada que é inevitável perceber as intenções comerciais e o impacto dessa ênfase junto ao espectador infantil.

Filmes infantis costumam ter canções pois as crianças gostam de cantar. Mas, além disso, música é um produto altamente vendável. Talvez nem tenha sido essa a intenção inicial de Disney ao introduzir a música em seus primeiros longas. Seus filmes nasceram com forte influência dos musicais, um gênero dominante no cinema norte-americano da época, e a criação de um mercado para o disco como produto agregado pode ter sido mera consequência. Mas isso não vale para tudo que se fez depois. As canções são colocadas nos filmes infantis porque as crianças irão comprar os CDs (antes os LPs e agora os arquivos digitais), com músicas em geral cantadas por artistas de sucesso. Essa parece ser a explicação para as canções de Sandy e Júnior em *O noviço rebelde*, por exemplo, cujos personagens no filme parecem existir apenas com o objetivo de cantar e criar mais um elo com seu vasto público. Por isso também abundam as canções nos filmes de Xuxa, que detém forte presença no mercado fonográfico. E por isso, em dimensões opostas, e talvez por razões opostas, não são as canções, mas as trilhas instrumentais incidentais que dominam *Castelo Rá-Tim-Bum — O filme*, *Tainá*, *O Menino Maluquinho* e *A dança dos bonecos*.

Em *O saci*, a menina Narizinho canta canções tradicionais infantis, o mesmo acontecendo em *A dança dos bonecos*, onde Ritinha coloca seus bonecos para dormir entoando "Ai que noite tão bela, ai que céu tão estrelado, quem me dera se eu tivesse agora o meu lindo namorado", música do cancioneiro tradicional, enquanto em outra cena ouvem-se as notas de "Boi, boi, boi da cara preta". A música nesses filmes atua na preservação dos elementos da cultura infantil produzida e cultivada pelas próprias crianças, e não de uma cultura infantil imposta pelo adulto através da mídia e da indústria cultural.

Nos filmes anteriores de Xuxa, a temática e o desenvolvimento da trama tinham um teor fortemente adolescente, que os afastavam do universo das crianças. Porém, quer porque tenham sido direcionados para o segmento infantil, quer porque a imagem de Xuxa é intimamente associada a esse público, todos eles foram considerados por distribuidores e consumidores como filmes infantis.

Suas mensagens também reforçavam a visão do sistema televisivo e capitalista, incentivando o consumo e a supremacia do dinheiro nas relações sociais. De uma forma ou de outra, os sonhos alimentados pela televisão estavam por trás das histórias. A moça simples do interior que deseja virar cantora em *Lua de cristal*, a top model de *Xuxa popstar* ou o requebrado dos dançarinos de *Xuxa requebra*. Este último conta a história de uma escola de dança com dificuldades financeiras que é apoiada por uma jornalista (Xuxa). Um traficante deseja tomar posse da escola para usá-la com outros fins e se estabelece uma disputa entre o pessoal ligado à dança e o bando do traficante. Entre sequestros e outras ações criminosas, o grupo de Xuxa consegue vencer um concurso de dança (cheia de passos erotizados, no estilo das coreografias de muitos programas televisivos), conquistando o dinheiro necessário para ganhar a disputa pela escola. Por trás dessa trama novelesca estão algumas mensagens, como a de que para alcançar a felicidade o dinheiro é fundamental e que requebrar é também uma forma de superar obstáculos, mais enfatizada que outros caminhos como a amizade, a união ou, principalmente, a reflexão. *Xuxa requebra* tenta ser politicamente correto ao condenar as drogas, mas o faz de forma moralista e direta. Não há sutilezas nem mensagens abertas, que conduzam o espectador a refletir. As respostas já estão sempre lá, expressas nos diálogos dos personagens. Assim como acontece em geral diante da tela do televisor, não cabe ao pequeno espectador processar informações e descobrir suas próprias conclusões, mas sim apenas receber verdades prontas a serem assimiladas.

Em *Xuxa e os duendes 2 — No caminho das fadas,* ao contrário do primeiro filme, já não é uma relação institucional com o consumo e com a televisão que prevalece. A sutileza do primeiro filme cede lugar a vendas explícitas. Em certo momento da história, as crianças estão reunidas em casa para um lanche e pegam um pacote de determinada marca de biscoitos. Trocam, então, impressões explícitas a respeito daquele biscoito, enumeram os sabores existentes e os fixam na memória das plateias infantis ao brincarem de colorir a língua com as diversas cores dos recheios. Trata-se de um trecho do filme que reúne todos os elementos de uma publicidade, evocando a colocação de Ratton sobre crianças que vão ao cinema para se divertir e saem apenas com a vontade de consumir alguma coisa.

> Um grande número de estudos demonstra que o uso de celebridades ou "convidados que vendem" pode afetar significativamente a avaliação que se faz de um produto. Essas práticas aumentam entre crianças e adolescentes.[19]

Xuxa e os duendes 2 — No caminho das fadas retoma a história da duende Kira (Xuxa) e de sua amiguinha, agora acompanhada por mais crianças. Entretanto, o fato de haver um número maior de personagens infantis e de estes terem mais relevo na trama não impede que se repitam as mesmas abordagens do primeiro exemplar da série. São os adultos que vivem os desdobramentos principais da trama, são eles que definem a solução para os problemas criados pela história. As bruxas querem acabar com o amor, atingindo assim a relação que começa a surgir entre a duende Kira e o herói humano, interpretado exatamente pelo pai de Sasha, a filha real de Xuxa. Assim, o eixo em torno do qual gira todo o filme remete a criança para um universo adulto, percorrendo o caminho oposto do que deveria ser o ideal para um filme infantil, ou seja, o de levar também o adulto para o universo infantil. No entanto, esse mundo adulto no qual a criança é introduzida apresenta-se trabalhado de forma infantilizada, assumindo assim aquele paradoxo apontado por Postman sobre a mídia contemporânea: a prática de adultizar a criança e de infantilizar o adulto.

A história de amor entre o elfo e a bruxa e entre a duende Kira e um humano é construída com cenas que têm a estrutura típica de telenovelas, com canções melosas ao fundo e mensagens açucaradas e superficiais, expressas em textos como: "Só o sentimento mais profundo é capaz de unir dois seres (...)" ou "(...) dois seres de mundos diferentes podem viver juntos, só a incompreensão e a intolerância são capazes de os separar".

Em *Xuxa e os duendes 2 — No caminho das fadas*, Xuxa continuou sendo apresentada como a grande amiga e protetora das crianças. Talvez seja essa a grande mensagem não somente deste, mas de todos os seus filmes. Em *Xuxa e os duendes 2*, é ela de novo quem brinca com as crianças, que as faz dormir, que está por perto para ajudá-las. "É a minha melhor amiga", comenta a garotinha Nanda sobre a mulher/duende Xuxa. Aliás, nessa dualidade mulher/duende, a primeira leva imensa vantagem, a começar pela caracterização física (Kira não tem orelhas pontudas como os outros duendes do filme), e, por trás da mulher Kira, está inevitavelmente Xuxa, a verdadeira personagem das histórias.

No final de *Xuxa e os duendes 2*, Kira morre, numa referência às princesas mortas nos contos de fadas, por mais distante que esteja a trama do filme em relação à profundidade e complexidade de seus antepassados da literatura oral. Mas a situação de infelicidade é rapidamente corrigida pelo beijo de um príncipe (ainda que a história não se refira a um príncipe propriamente dito), e o instante dramático remete a um outro quadro ainda mais aflitivo para o espectador infantil: imaginar um mundo sem Xuxa.

Em 2009, Xuxa teceu uma ponte entre os dois blocos em que dividimos os filmes infantis brasileiros. *Xuxa e o mistério de Feiurinha* (Tizuka Yamasaki, 2009) é baseado num livro de Pedro Bandeira, conceituado autor infantojuvenil, que, inclusive, recebeu um destaque não usual para escritores de livros em que se baseiam os filmes brasileiros, quer sejam infantis ou não. Porém, apesar dessa origem literária, o filme mantém, em linhas gerais, as mesmas características dos demais filmes da atriz.

A produção de *O Menino Maluquinho*, como ressalta o próprio diretor Helvécio Ratton, traduziu algumas das contradições internas que o cinema infantil enfrenta, na medida em que é uma arte industrial, produzida dentro da indústria cultural e do sistema capitalista.

> Houve um momento importante, quando eu estava preparando o filme, em que a produção queria que o filme se passasse nos anos 1990,

porque isso possibilitaria mais chances de merchandising. Bati o pé e disse que queria fazer um filme situado nos anos 1960, época em que vivi minha infância brincando nas ruas de Belo Horizonte, e queria mostrar aos meninos de agora que há outras formas de se divertir diferentes de sentar em frente a um computador ou consumir em um shopping.[20]

MÍDIA, SEXO E VIOLÊNCIA

A questão da violência e sua disseminação entre os jovens é um dos principais, e muitas vezes o único ponto abordado quando se fala de mídia e indústria cultural. Mais uma vez, pode-se considerar que as exigências do mercado participam da definição da maior ou menor violência presente nos filmes exibidos para crianças nos cinemas ou na televisão. Afinal, ambos, TV e cinema, disputam a audiência infantil lançando mão dos mais diversos apelos, entre eles o excesso (de violência, de sexo, de estímulos etc.). Embora as pesquisas sobre o assunto nem sempre apontem resultados similares, parte significativa tem sugerido uma relação próxima entre mídia e violência infantil.

Uma pesquisa sobre televisão, criança e violência foi realizada por Comstock e Paick, em 1994, na qual eles chegaram, entre outras, às seguintes conclusões:

> Há uma forte e significativa associação entre ver TV violenta e a magnitude do efeito sobre a conduta antissocial. (...) Tais efeitos se verificam tanto em mulheres como em homens, porém estes últimos mostram índices ligeiramente maiores de comportamento violento. (...) Quanto maior a idade, menor o efeito da TV violenta sobre o comportamento. No entanto, o comportamento de jovens universitários mostrava que a magnitude do efeito da TV violenta continuava a ser considerável. (...) Episódios que justificam o emprego de violência geram mais comportamento violento do que os que não a justificam. (...) Há diferença na magnitude do efeito entre pessoas que assistem a muita ou a moderada quantidade de TV violenta. (...) A magnitude do efeito da TV sobre a

violência criminal na vida real pode atingir dez em cada cem pessoas, um número longe de ser insignificante. (...) O impacto dos programas que combinam violência e erotismo é substancialmente maior do que o dos programas que apresentam violência pura.[21]

Outra pesquisa, realizada no Brasil e não focada na televisão, mas no cinema, foi realizada por Paula Inez Cunha Gomide, da Universidade Federal do Paraná, que publicou em 2000 os resultados do trabalho realizado com 160 crianças (em conjunto com outra para um público-alvo de 360 adolescentes) sobre a influência de filmes violentos. Comparando o comportamento, em um jogo de futebol, de jovens que assistiram a *Mortal Kombat* com aqueles assistiram a *Babe, um porquinho atrapalhado*, os resultados apontaram para um aumento do comportamento agressivo de crianças e adolescentes do primeiro grupo.[22]

No caso do cinema infantil brasileiro, de maneira geral, a violência é um elemento de pouco destaque. Quando acontece, ela se faz presente de uma maneira mais sutil, como em *Xuxa e os duendes*, quando o vilão Gorgon é derrotado por uma chuva de raios desfechados pelas cândidas fadas. Embora não enfática, e até mesmo amena do ponto de vista narrativo, a observação que pode ser feita a essa cena é que a força se apresenta no filme como o caminho para a solução dos males. Se em outros filmes de Xuxa é o poder do dinheiro ou do sexo que torna possível a superação dos problemas, na história dos duendes é a vez de a violência estilizada e tecnológica (aqui transformada em metafísica, na medida em que estamos falando de seres elementais), e mais exatamente a força e o poder, assumirem esse papel.

Em alguns filmes dos Trapalhões, não há imagens de violência, mas estão presentes alguns de seus símbolos, como as armas. Em *O mistério de Robin Hood* se veem revólveres manuseados por gangsteres, o mesmo acontecendo em *Atrapalhando a Suate*.

Outra questão que costuma surgir quando se aborda o cinema infantil é a sexualidade. Nos filmes brasileiros de origem televisiva, a sexualidade (ou a sensualidade) se faz presente em níveis similares aos encontrados na programação normal da televisão nacional. Insinuações eróticas podem ser encontradas em filmes dos Trapalhões e de Xuxa, chegando a momentos radicais como em *Zoando na TV*, na cena em que um ator de produções eróticas quer atacar o personagem principal.

Numa rápida sequência de *O Menino Maluquinho* há uma cena em que o personagem principal e amigos manuseiam retratos de mulheres despidas. Embora o filme apenas reproduza uma prática relativamente comum entre adolescentes e pré-adolescentes, essa cena remete a duas outras questões. A primeira é que, como quase todo filme infantil, ele é destinado a uma amplo espectro de idades, e vale a indagação sobre como algumas faixas menores asssimilam essa cena do filme. O outro ponto, mais importante, é o questionamento sobre se essa abordagem não estaria "incentivando" uma visão "machista" por parte da criança, na medida em que a prepara para entrar no mercado de consumo da mídia especializada em vender a mulher enquanto produto, transformando o feminino numa imagem a ser consumida. Embora, por outro lado, em tempos de outdoors de revistas masculinas expostos nas ruas das cidades, de cenas picantes de *reality shows* exibidas durante o dia pela televisão e de danças lascivas mostradas livremente em qualquer horário pelas emissoras de TV e copiadas por crianças de 2 ou 3 anos, essas possam ser consideradas questões secundárias.

Nesse sentido, a indústria cultural contemporânea, e mesmo certas vertentes da educação, não têm primado por responder às perguntas das crianças, mas por lhes dar como resposta muito mais do que elas estão perguntando. Ou seja, aproximando-as mais e mais do mundo adulto, dentro da perspectiva de Postman. Não se trata, obviamente, de advogar uma abstrata e indefinível inocência das crianças, mas de instaurar a dúvida se as narrativas contemporâneas para o público infantil estão retratando e/ou respondendo às questões inerentes à própria sexualidade infantil (à semelhança do que os contos de fada tradicionais fazem no campo do inconsciente, como bem analisado por Bettelheim) ou somente projetando os anseios e os desejos do mundo adulto.

DO CAMPO PARA A CIDADE

Entre o ano de produção de *Sinfonia amazônica* e *O saci* e 2003, quando foi lançado *Xuxa e os duendes 2*, transcorreram cinquenta anos. Nesse período, mudanças expressivas aconteceram na humanidade, na sociedade brasileira, na conceituação e na vivência da infância. De uma forma ou de outra, os filmes brasileiros produzidos para as crianças traduziram esse cenário. Por exemplo, *Meu pé de laranja lima* expressava o cotidiano de uma criança de classe média na década de 1960, realçando um ambiente repressivo que tolhia a expressão e deixava ao protagonista a hipótese de se abrir e se relacionar apenas com uma árvore no quintal. Afinal, mais do que um instrumento de fantasia, o pé de laranja lima funciona na trama do filme como uma catarse do garoto Zezé, e a consequência dessa imaginação reprimida é o clima melancólico de toda a história. *O Menino Maluquinho* já se debruça sobre essa mesma década de 1960 com olhares e valores do final do século XX. A família ainda é de classe média, mas a criança já merece uma conversa do pai para lhe explicar a separação da mãe, e o próprio divórcio do casal é tratado de forma natural e tranquila e, portanto, não imaginável no universo de um filme infantil dos anos 1960.

Embora o ambiente rural e interiorano seja o traço predominante dos filmes infantis brasileiros, as produções mais recentes já travam um diálogo com o meio urbano. Enquanto *O saci*, *O cavalinho azul* e *O picapau amarelo* são ambientados no campo, *Castelo Rá-Tim-Bum — O filme* e *O Menino Maluquinho* desenvolvem-se em grandes cidades. Seria possível perceber no todo da produção do gênero uma elegia do interior como um ideal de vida, numa espécie de ressureição do "bom selvagem" de Rousseau, quando ele se refere em *Emílio* à criança preservada do contato contaminador com a civilização. No entanto, essa análise pode ser uma visão redutora da questão. Isso porque mesmo os filmes que entram no ambiente urbano e contemporâneo, em geral, não descartam o posicionamento crítico dos males da urbanização. É inegável que a civilização teve o seu preço, que é cobrado diariamente da humanidade na exaustão dos meios naturais, na exposição a alimentos tratados industrialmente e nocivos à saúde, nos abismos da distribuição de renda mundial, no mapa nunca erradicável da fome e nas conflagrações que sempre se alastram mundo afora. A infância também paga o seu tributo nesse processo, através da inserção precoce no mercado e/ou nos meios de produção da sociedade, bem como na submissão às demandas da indústria cultural e nas consequentes limitações das oportunidades para preservar e criar sua própria cultura.

A heroína de *A dança dos bonecos* parte do universo interiorano para recuperar seus brinquedos e percorre a metrópole capitalista onde conhece a frieza do mercado e dos meios de comunicação, retornando enfim para o mundo menos selvagem de seu pequeno vilarejo, assim como os pequenos heróis dos filmes de Flávio Migliaccio descobrem valores como a coragem e a solidariedade ao se afastarem do capitalismo — em geral representado pelos seus próprios pais — e da rapinagem industrial.

Rumo oposto seguem os projetos comprometidos prioritariamente com o lucro e a lógica do mercado. Não por coincidência, os personagens que representam industriais em filmes como *Xuxa e os duendes* e *O noviço rebelde* chegam, de um jeito ou de outro, ao final do filme como heróis ou amigos dos heróis. Não que se deva fazer nos filmes infantis uma demonização da indústria e dos empresários, mas a caracterização desses personagens nessa vertente de produções e as mensagens transmitidas às crianças primam pela ausência de espírito crítico em relação ao sistema. Nesses filmes, louva-se o glamour da mídia, o consumo é incentivado tanto ideológica quanto publicitariamente, enfim: apresenta-se o modelo capitalista urbano como algo inquestionavelmente positivo.

Como pondera Kellner, os produtos culturais buscam atingir o maior número possível de consumidores e, para isso, muitas vezes açambarcam posições ideológicas conflitantes, com o intuito de agradar a gregos e troianos, atraindo-os para o seu espetáculo.[23] São os filmes que criticam a violência mas a mostram, criticam a acumulação de riquezas mas a incluem como um atributo dos personagens. No caso do cinema brasileiro infantil, isso pode ser percebido em certos discursos "subversivos" em relação ao sistema convivendo com um reforço desse mesmo sistema. *Xuxa e os duendes* é um bom exemplo, com suas frases de efeito contrárias à destruição da natureza e ao interesse apenas pelo dinheiro, representado pelo personagem Rico, quando o próprio filme retrata um quadro de acumulação de riquezas.

Rico é ambicioso, mas no fundo é um personagem "bonzinho". A família de Nanda é de classe média, tem um carro simples, mas mora numa casa de arquitetura e localização mais do que elitizadas. Como já citado, nada no filme transparece simplicidade em oposição à opulência que é indiretamente condenada no discurso.

Em *Xuxa e os duendes* há uma tênue mensagem ecológica, mas esta se limita ao discurso superficial de defesa do meio ambiente. Não se estabelecem laços diretos entre a deterioração da natureza e os interesses mercantilistas que sustentam o sistema de maneira mais ampla. Afinal, tal tipo de crítica significaria, em última instância, um questionamento da própria estrutura da qual nascem tais filmes.

Nessa dicotomia sociedade industrializada/sociedade arcaica, destaca-se *Tainá*, justamente por colocar a questão no centro de suas tensões dramáticas e pela forma conciliadora e relativizante com que conclui esse choque. Os elementos da vida selvagem e junto à natureza são importantes, mas os conhecimentos do mundo industrializado também podem ter a sua utilidade. Não deixa de ser uma mensagem construtiva para as crianças ao ajudá-las a estabelecer o equilíbrio entre as duas realidades, ao mesmo tempo que chama a atenção daquelas que certamente constituem a maioria dos espectadores infantis e que, mergulhadas no mundo dos games, da internet, dos McDonald's e das TVs a cabo, acabam descobrindo que a vida não é feita apenas de mouses e de um monte de controles remotos.

OS DISCÍPULOS DE XUXA

Na trilha de Xuxa e dos Trapalhões, outras personalidades e projetos oriundos da televisão tentaram abrir espaço no mercado do cinema, como aconteceu com Angélica, Sérgio Mallandro, Elke Maravilha e Fofão.

Zoando na TV (José Alvarenga Júnior, 1998), estrelado por Angélica, é uma peça exemplar desse grupo de filmes. Embora baseado num livro, sua trama é tão intimamente ligada à televisão que sua análise faz mais sentido junto aos filmes vistos neste capítulo. Angélica é uma jovem da baixa classe média chamada Angel, que convive com a desatenção do namorado paquerador. Certo dia, enquanto assiste a um programa de TV, o casal acaba indo parar dentro da programação. A partir daí, eles transitam por programas de auditório, espetáculos de luta livre e filmes de terror. Como numa história de ficção científica, agentes de segurança impedem as pessoas que estão dentro da TV de saírem para o mundo exterior. A forma debochada como são mostrados os programas parecem trazer uma crítica implícita ao besteirol que reina no mundo da televisão, do qual, não custa lembrar, a própria Angélica faz parte. No entanto, por trás dessa possível crítica, revela-se o fascínio pelo ambiente televisivo, traduzido na própria indecisão de alguns personagens sobre as vantagens de ficar ou não dentro daquele sistema fechado. Uma dessas personagens é uma jovem que se torna companheira de Angel tão logo ela entra no "mundo da televisão" e que comenta que antes de ir parar naquele lugar sua vida era enfadonha e solitária diante do aparelho de TV. Ou seja, apesar de tudo, o "mundo da televisão" é um lugar onde vale a pena viver, talvez mais para quem o faça do que para quem o consuma. É curioso notar que, embora *Zoando na TV* seja qualificado como filme infantil, estando inclusive nas prateleiras dedicadas a esse gênero nas locadoras de vídeo, nada nele remete ao universo infantil. Os atores, com exceção de um bebê, são adultos. A temática também é adulta, havendo até uma sequência em que o namorado de Angel sofre a ameaça de ser "atacado" por um ator de filme pornô. O fator infantil fica por conta apenas da associação já estabelecida com a imagem de Angélica junto ao segmento num processo similar ao que acontece com Xuxa.

Outra produção importante na década de 1990 foi *SuperColosso* (Luís Ferre, 1994), grande espetáculo com os bonecos do programa televisivo *TV Colosso*, que terminou não atingindo o sucesso esperado no cinema. Aqui é possível observar mais uma confusa interface entre os mundos adulto e infantil, sempre capitaneados pelo universo da televisão. Além dos bonecos, destacam-se principalmente os personagens adultos. Um dos "plots" refere-se a um casal de jovens cujo relacionamento é incentivado por uma dupla de cupidos, interpretados por um boneco e um adulto. As únicas crianças de relevo no elenco desempenham o papel de filhos de alguns dos vilões, embora, no final, estes se revelem meras marionetes da verdadeira vilã. O merchandising utilizado é explícito, como no caso da bebida que um dos bonecos retira de seu carro ao parar num posto de pedágio. Ele vai pegando diversos utensílios em busca do dinheiro para pagar ao funcionário do posto e, no final, apanha a lata amassada de um refrigerante. Essa é a deixa para ele comentar: "tomei ontem; me amarro em (nome do refrigerante)". Em outra sequência, num dos jornais televisivos que ajudam a conduzir a narrativa, é apresentada uma publicidade completa de um alimento matinal. Considerando-se que o filme se baseava num programa chamado *TV Colosso*, não chega a ser surpreendente o espaço que o elemento televisão ocupa dentro do filme. A trama lança mão até de uma gincana, referenciando-se na miríade de programas do gênero.

A televisão, como ente formativo, é um fator impossível de ser ignorado pelo cinema? Certamente não, como demonstram muitos filmes, a exemplo de *O cavalinho azul* ou *O Menino Maluquinho*. Quando se pensa em crianças numa sociedade televisiva e consumista como a nossa, é impensável ignorar o fato de que se trata de um público familiarizado com as técnicas e os trejeitos da TV. Porém, seria papel do cinema simplesmente repetir esse esquema ou contribuir para um avanço na educação do olhar infantil?

TV COM IMAGINAÇÃO

Castelo Rá-Tim-Bum — O filme veio demonstrar que televisão e cinema podem se retroalimentar sem uma convivência predatória do ponto de vista do respeito à criança. Embora baseado nos personagens e situações que Cao Hamburger criara para a série da TV Cultura, tudo no filme remete ao universo do cinema, não ao da televisão, e, se isso acontece, é através de um viés fílmico.

Um elemento importante em *Castelo Rá-Tim-Bum* é essa distância que existe entre o filme e a série televisiva que lhe deu origem. Segundo o diretor Cao Hamburger, essa foi uma definição intencional:

> Logo que ela estreou, veio a vontade de adaptar para o cinema, porque achei que tinha elementos naquele universo que eram mais cinematográficos e que não dava para explorar na televisão. A ideia, que surgiu

em 1996, somente se viabilizou em 1999. Fui percebendo que quanto mais me afastasse da série nas coisas formais, mantendo somente o conteúdo e a trama, melhor ia ser para o filme. De certa forma, o tempo de maturação foi benéfico para eu estar mais livre. Daí foi um exercício de esquecer o que foi feito na televisão e ficar com o essencial.[24]

Castelo Rá-Tim-Bum — O filme conta a história de Nino, o menino aprendiz de feiticeiro, com 300 anos de idade, que vive numa mansão com seus tios bruxos Victor e Morgana. Uma feiticeira invejosa decide se apoderar do castelo e expulsa a família de Nino. O filme utiliza-se de efeitos especiais bem elaborados e de uma linguagem ágil e clássica, que o aproxima de suas fontes mais palpáveis: o cinema norte-americano e europeu de fantasia infantil, sendo inevitável a lembrança de *A história sem fim* e da antiga série televisiva *A família Addams*.

Não existem lições recitadas para os espectadores em *Castelo Rá-Tim-Bum — O filme*. A única "moral" apresentada é a que se refere ao respeito às diferenças, quando Nino admite sua condição de bruxo: "Não somos estranhos. Somos apenas... diferentes."

Por trás dessa mensagem, existe um inteligente recado às crianças. Elas mesmas, em muitos momentos, podem sentir-se diferentes dos adultos, não tendo os mesmos direitos, não fazendo as mesmas coisas. Naturalmente, nada disso é percebido de forma consciente pelo espectador infantil. E aí *Castelo Rá-Tim-Bum — O filme* se aproxima de seus grandes antepassados, os contos de fadas, quando fala ao inconsciente da criança que ela não é um ser estranho. Além disso, é transmitido um valor de respeito às diferenças e de incentivo à diversidade.

Os heróis adultos do filme, simpáticos mas ineficientes, são totalmente derrotados pela bruxa Losângela, que ocupa o castelo e desaloja seus moradores. São as crianças, incluindo o pequeno feiticeiro Nino, que assumem a responsabilidade de solucionar o problema. Assim como nos contos de fadas, em que situações representativas ajudam o inconsciente da criança a equacionar seus temores e expectativas não resolvidos, nesse tipo de filme, fantasiar o poder contribui para colocar em sua mente a autoconfiança de que ela precisa para enfrentar o mundo. Filmes que transferem somente para o adulto a possibilidade de solução das dificuldades atuam em sentido oposto. Nos contos de fadas tanto faz a existência de heróis adultos ou infantis, na medida em que as imagens são construídas pela mente da própria criança e, como regra, ela se coloca no lugar dos heróis das histórias que imagina. Não importa se a princesa é velha ou nova, se ela é uma criança ou uma mulher que se casa com o príncipe. É a imaginação da criança que tem o controle das imagens e que pode, assim, colocar-se no papel que desejar. No cinema, não é desse modo que acontece. As imagens estão lá. E embora a criança possa se identificar com um adulto, certamente essa identificação será maior se o herói for, assim como ela, uma criança.

Também emblemática das intenções de *Castelo Rá-Tim-Bum* é a sua cena inicial, quando uma pipa percorre os céus de São Paulo sobre a silhueta dos edifícios, terminando por cair no terreno dos feiticeiros e dando início à amizade das crianças com o bruxinho Nino. Este gosta de dançar, fica fascinado pela pipa que encontra no quintal, quer andar de bicicleta. A pipa, contrastada com as silhuetas dos arranha-céus, é um símbolo de crianças livres, que têm cerceados seus espaços na sociedade contemporânea (ou que são levadas a conviver com esses espaços substituídos por objetos de consumo e/ou produtos culturais), mas que podem construir e preservar sua cultura infantil mesmo num mundo tecnologizado.

Embora inspirado em personagens de televisão, não se veem aparelhos de TV no Castelo, e, ao focalizar logo na abertura um brinquedo tradicional (uma pipa), possível de ser vivenciado somente no espaço aberto das ruas e dos descampados, Cao Hamburger define a sua visão de infância como mais próxima daquela que constrói e reproduz a sua própria cultura e não da que apenas consome a que lhe é oferecida pelos aparatos tecnológicos.

Ao recusar um merchandising ostensivo, o filme não transfere para o cinema o processo comercial que é inevitável na televisão, e, principalmente, apresenta à criança uma trama que ela pode acompanhar sem abrir mão de sua imaginação e inteligência.

Seguindo uma linha de raciocínio que referenda a tese de Douglas Street, baseada em C.S. Lewis, comentada no final do segundo capítulo deste trabalho, Helvécio Ratton comenta sobre as diferenças entre fazer filmes para crianças e para adultos:

Sobre *A dança dos bonecos*, em primeiro lugar, antes de ser um filme para crianças, trata-se de um filme. Mas é claro que o nível de compreensão de uma criança de 5 anos é muito diferente do de um adulto. Na minha opinião, o grande desafio é você colocar na tela várias camadas de informação, leituras que possam instigar tanto a criança quanto o adulto. Isso para mim é que faz um bom filme infantil. A diferença entre dirigir para crianças ou para adultos existe, na medida em que é preciso ter clareza, os sinais têm que estar nítidos. Digo isso em relação à própria narrativa, a história em si, bem como na forma em que ela é contada, desde a posição de câmera até a interpretação dos atores. Certas sutilezas a gente só consegue decifrar com o passar dos anos, com a apropriação constante do código audiovisual. Não se trata de reduzir ou empobrecer a linguagem, pelo contrário, o desafio é buscar a nitidez sem burrice. Simplicidade e clareza são atributos que sempre me atraíram na arte.[25]

Mas não é apenas no quesito técnico ou estético que se encontra a diferença entre filmes similares a *Castelo Rá-Tim-Bum — O filme* ou *A dança dos bonecos* e os filmes de Xuxa ou muitas das produções dos Trapalhões. O público infantil não é igual ao público adulto. Aceitando-se ou não, em termos absolutos ou relativos, a ideia de uma inocência infantil, é inegável o fato de que a criança é um ser em processo de formação, daí a necessidade de associar as reflexões sobre a psicologia infantil com os produtos culturais que lhe são oferecidos. Não se trata de criar mecanismos pessoais ou institucionalizados de censura, mas de considerar que está sendo estabelecida uma relação entre um adulto autor/produtor, que detém instrumentos de poder, e uma criança espectadora/consumidora. Pensando em termos de uma produção cinematográfica, com todo o volume de recursos financeiros e materiais necessários, com todas as pessoas e empresas envolvidas em sua confecção, essa relação desigual se torna igualmente perceptível. Ignorar aspectos psicopedagógicos com a argumentação de que se está fazendo arte não apaga esse desequilíbrio com o qual a criança absorve os filmes, livros, discos, programas de televisão que são "impostos" ao seu consumo.

No caso de *Castelo Rá-Tim-Bum — O filme*, Hamburger pontua que a produção "nasceu numa TV pública e como programa educativo — embora não tivesse ligação com currículo escolar —, e assim o cuidado ético faz parte da sua alma, qualquer coisa que se pensasse, isso estaria em primeiro lugar. Com todas essas características, ele se tornou um sucesso comercial, provando que a qualidade é superior a qualquer coisa que se queira comercial. Um filme de objetivo nobre, com qualidade, pode ser comercial também".[26]

Da mesma forma que Bazalgette e Staples[27] sugerem a exclusão dos filmes norte-americanos de um conceito mais restrito de cinema infantil, seria igualmente válida uma conceituação de filme infantil na qual somente caberiam obras que nascem com a consciência de que falam a um espectador diferenciado, com uma sensibilidade especial, e que merece uma abordagem adequada e respeitosa diante de suas necessidades.

Notas

1. RATTON, Helvécio. "Espectador ou consumidor: Criança e cinema." *Sinopse — Revista de Cinema*, n. 4, ano I. São Paulo, março de 2000, p. 8.
2. KLINE, S. *Out of the Garden: Toys and Children's culture in the Age of TV Marketing*. Londres: Verso, 1993, p.127-128.
3. ACOSTA-ORJUELA, Guillermo Maurício. *15 motivos para "ficar de olho" na televisão*. Campinas: Editora Alínea, 1999, p. 28-29.
4. MATTOS, Sérgio. *História da televisão brasileira: uma visão econômica, social e política*. 2. ed. Rio de Janeiro: Vozes, 2002 p. 26.
5. MATTOS, S., *op. cit.*, p. 58.
6. ACOSTA-ORJUELA, Guillermo Maurício, *op. cit.*, p. 13.
7. MATTOS, S., *op. cit.*, p.56.
8. LUNARDELLI, F. *Ô psit! O cinema popular dos Trapalhões*. Porto Alegre: Artes e Ofícios, 1996, p. 61.
9. *Idem*.
10. Os Trapalhões foram objeto de uma dissertação transformada em livro, escrita por Fatimarlei Lunardelli, e Mazzaropi teve seu trabalho analisado numa dissertação de Glauco Barsalini, notáveis e honrosas exceções, mas nenhum desses estudos se debruça especificamente sobre o público infantil como receptor das obras daqueles artistas. Embora Lunardelli aborde a relação entre Renato Aragão e o público infantil, quando cita uma entrevista em que o ator/produtor afirma que o adulto é bem-vindo

aos seus filmes, mas que o seu humor é voltado para as crianças, e quando explicita a sua própria visão de que os Trapalhões "são a expressão mais bem-acabada de um cinema dirigido ao público infantojuvenil, quando no Brasil se consolida um mercado cultural, fruto do desenvolvimento do capitalismo e da industrialização". A grande campeã de bilheteria no gênero, Xuxa, parece ter merecido até agora apenas um livro ensaístico da professora norte-americana Amelia Simpson.

11. KELLNER, Douglas. *A cultura da mídia*. Bauru: Edusc, 2001, p. 59.
12. VALENTE, Eduardo. "Noções de infância e educação: filmes infantis". *Sinopse — Revista de Cinema*, n. 4, ano I. São Paulo, março de 2000, p. 20.
13. ÁVILA, Roberto. "Quem tem medo do blockbuster?" *Sinopse — Revista de Cinema*, n. 4, ano I. São Paulo, março de 2000, p. 11.
14. Em marketing, denomina-se institucional aquela peça de mídia que "vende" a imagem de uma instituição, de um projeto ou de uma empresa e não um produto específico, como faz a publicidade comercial.
15. YANAZE, Liriam Luri Higuchi. "A linguagem publicitária dirigida ao público infantil nos contextos brasileiros e japonês". In: GHILHARDI-LUCENA, Maria Inês e BARZOTTO, Valdir Heitor. *Nas telas da mídia*. Campinas: Alínea, 2002, p. 165-169.
16. YAMASAKI, Tizuka. "Nascida para o cinema." *Revista de Cinema*, n. 33. São Paulo, janeiro de 2003, p. 13-18. Entrevista concedida a Maria do Rosário Caetano.
17. SOLTI, Verônica e GUEDES, Denize. "O lado série do cinema infantil." *Revista de Cinema*. São Paulo, janeiro de 2003, p. 13-18.
18. ZIPES, Jack. *Happily Ever After: Fairy Tales, Children and the Culture Industry*. Nova York: Routledge, 1997, p. 21.
19. ACOSTA-ORJUELA, Guillermo Maurício, *op. cit.*, p. 30.
20. RATTON, Helvécio. "Brincar X Consumir". In: GARCIA, Cláudia Amorim; CASTRO, Lucia Rabello e SOUZA, Solange Jobim. *Infância, cinema e sociedade*. Rio de Janeiro: Ravil, 1997, p. 57.
21. COMSTOCK, G. e PAIK, H. "The Effects of Television Violence on Antisocial Behavior: a Meta-Analisis". In: *Communication Research*. Agosto de 1994, v. 21, p. 516-546. *Apud* ACOSTA-ORJUELA, Guillermo Maurício, *op. cit.*, p. 115.
22. GOMIDE, Paula Inez Cunha. "A influência de filmes violentos em comportamento agressivo de crianças e adolescentes". In: *Psicologia: Reflexão e Crítica*. v. 13, n. 1. Porto Alegre, 2000.
23. KELLNER, D., *op. cit.*, p. 27.
24. HAMBURGER, Cao. Depoimento ao autor.
25. RATTON, Helvécio. Depoimento ao autor.
26. HAMBURGER, Cao. Depoimento ao autor.
27. BAZALGETTE, Cary e STAPLES, Terry, *op. cit.*, p. 95.

CAPÍTULO V   E viveram felizes para sempre...

A maior parte dos heróis infantis do cinema brasileiro são do sexo masculino. Entretanto, a maioria dos filmes não reproduz uma imagem machista. *Tainá* e *A dança dos bonecos* se destacam por apresentarem heroínas, que carregam consigo uma constituição feminina, quando de maneira geral os filmes não trazem uma diferenciação expressiva de sexo. Meninas e meninos costumam ter uma mesma caracterização assexuada, como acontece, por exemplo, nos filmes do Tio Maneco. Em *Xuxa e os duendes*, por outro lado, a personagem feminina infantil é associada à imagem da menina que chora e é dependente, ainda que de uma mulher adulta, a própria Xuxa. Esta, por sua vez, em *Xuxa e os duendes 2 — No caminho das fadas*, precisará ser salva pelo herói, que a resgatará da morte com um beijo, reproduzindo um estereótipo extraído dos contos de fadas. O beijo salvador se transforma apenas na delegação ao herói masculino da possibilidade de salvar a personagem feminina. É mais ou menos o que a Disney Productions fez também com *A pequena sereia* (*The Little Mermaid*, Ron Clements, 1989), baseado no conto de Andersen: a história da personagem que, embora crítica dos poderes paternos, abandona seu mundo e até mesmo suas nadadeiras para poder se entregar ao casamento com o príncipe.

Outro traço importante dos filmes infantis nacionais é que, no geral, os personagens infantis pertencem à classe média ou à classe alta. Os pequenos heróis dos filmes do Tio Maneco são filhos de empresários. Ritinha, em *A dança dos bonecos*, mora com seu avô, um pequeno fabricante de bonecos, mas com condições dignas de sobrevivência. Nanda, em *Xuxa e os duendes*, é de uma família que enfrenta dificuldades, tanto que precisa abandonar o sítio em que vive, mas que mora numa casa confortável, no meio de uma mata paradisíaca. Pedrinho e Narizinho, tanto em *O saci* quanto em *O picapau amarelo*, são personagens simples e humildes, como no original de Lobato, mas vivem com conforto num grande sítio, que mais parece uma fazenda. Pluft é um fantasma e, portanto, não conta do ponto de vista de classe. Mas o pequeno feiticeiro de *Castelo Rá-Tim-Bum*, embora não tenha uma classe definida, vive numa mansão — ainda que com o ar decadente de uma casa mal-assombrada —, dentro de um fausto arquitetônico que relembra características da aristocracia paulista. A grande exceção fica por conta de Zezé, de *Meu pé de laranja lima*, cuja pobreza é um dos fios condutores da trama, mas é olhada por um prisma excessivamente lacrimogêneo, o que compromete a construção de uma imagem real das classes menos favorecidas na pirâmide social. Outra exceção estaria em alguns filmes dos Trapalhões, a exemplo de *Os Trapalhões e a árvore da juventude*, onde um personagem pobre ajuda os heróis a combaterem os traficantes de madeira, ou em *O mistério de Robin Hood*, no qual uma garota pobre torna-se amiga e protegida de Didi. Entretanto, nos filmes dos Trapalhões, as crianças pobres são vistas de uma forma mitificada e não realista. Note-se que as crianças pobres daqueles filmes evocam as crianças pobres da obra de Chaplin. A diferença é que nos trabalhos de Carlitos o cinema mudo contribuía para que se criasse uma visão lírica e ficcional da pobreza, sem nenhum vínculo direto com a realidade. A emoção transmitida por *O garoto* faz o espectador criar um vínculo pessoal das imagens com a realidade. Nos filmes dos Trapalhões aqui citados, não há o facilitador da ausência de diálogos, e a pobreza ficcional acaba se transformando numa representação da realidade. Filtradas por um olhar humanista, mas desprovido de crítica ideológica, as crianças pobres tornam-se uma abstração. Em *A dança dos bonecos*, os pobres aparecem como figurantes, na cena em que param ao lado de Ritinha, diante de uma vitrine cheia de televisores que exibem um show no qual o empresário J. Domina tenta explorar comercialmente os bonecos roubados. Os meninos de rua são mostrados no filme como aquilo que são: crianças excluídas (da sociedade e do próprio filme, que de certa forma assistem do lado de fora à vida da sociedade).

Entretanto, vale registrar que, por mais importante que seja a reflexão sobre questões sociais, filmes e outras obras destinadas ao público infantil não carecem de se debruçar, obrigatoriamente, sobre esse tema, tendência aliás quase unânime da literatura infantojuvenil brasileira para esse segmento. Crianças precisam de fantasia e nem sempre é possível — ou sequer desejável — conciliar essa abstração da realidade com discussões de cunho social. Mas se a questão é abordada, isso deve acontecer de uma forma não artificial ou deturpada.

O cinema infantil brasileiro carrega, ao longo de sua história, as contradições próprias da indústria cultural ocidental, dividida entre a arte e o mercado, entre a definição de que o público é formado por espectadores ou por consumidores. Inevitavelmente, essas dicotomias se referem também ao público infantil. E os filmes brasileiros feitos para crianças traduzem, em sua concepção, todas essas questões.

Nascido tardiamente na década de 1950, num contexto em que a televisão já ensaiava o seu crescimento galopante, que aconteceria a partir das décadas seguintes graças — entre outras razões — ao apoio do regime ditatorial, e em que a literatura caminhava no sentido oposto em decorrência da baixa escolaridade e dos muitos equívocos nas políticas públicas de disseminação da leitura, o cinema infantil nacional criou laços umbilicais com a TV. No entanto, muitas das próprias características da narrativa e da cultura televisiva fazem com que a maioria dos filmes brasileiros para crianças não possam, a rigor, ser conceituados como filmes infantis. Em grande parte deles, não é a criança o agente ativo que se defronta com a vida, havendo quase sempre um adulto a tutelar e dirigir suas descobertas. Eles não são pensados também dentro do que seria um olhar infantil sobre a realidade. Ao mesmo tempo, as tramas e o seu desenrolar — ações, humor, personagens — mesclam elementos adultos àqueles que poderiam ser classificados de infantis. Em outras palavras, tenta se conquistar a criança, mas ao mesmo tempo prender a atenção do adulto que a acompanha, e não pelas próprias características intrínsecas do filme infantil, mas pela adição de recursos usados no cinema/produções de TV voltados para o público adulto: as piadas maliciosas, o romance folhetinesco. Não incorporando a visão da criança nem dando a ela o espaço de protagonista, e buscando misturar abordagens infantis e adultas, a maioria dos longas-metragens brasileiros ligados à televisão seria melhor definida como filmes familiares, mais próximos de uma concepção hollywoodiana do que europeia ou oriental.

Filmes, assim como discos, programas de televisão, livros e todo o aparato da indústria cultural, transmitem ideologias, sendo o seu próprio consumo um valor em si. Mas, além disso tudo, a cultura televisiva (e os filmes que a seguem) transmite à criança a noção de um mundo sem profundidade, onde a visão da realidade se constrói com cenários artificiais e a expressão dos sentimentos pode ter a mesma dimensão de um slogan. Na medida em que a maior parte da programação de TV nasce a partir de números de audiência e necessidades do mercado publicitário, esse vazio de conteúdo e a orientação para o consumo são consequências quase inevitáveis. Falando sobre a educação cinematográfica para crianças na escola, Napolitano resume as preocupações com a relação cinema/infância, que não são diferentes, na essência, daquelas que vêm perseguindo pais, educadores e políticos no Brasil e no resto do mundo:

> (...) o olhar crédulo da criança tende a considerar verdadeiro e real tudo que é visto no filme, pois a noção de realidade e representação, passado e presente, narrativas ficcionais e científicas estão ainda em construção.[1]

Num país que não cultivou tradições literárias e em que a indústria cultural infantil não conduz ao paralelo consumo de livros brasileiros (como o faz a indústria cultural estrangeira, a exemplo do fenômeno *O Senhor dos Anéis*, que ultrapassou o círculo cult dos iniciados para se transformar em best-seller), o domínio absoluto de uma linguagem e de referenciais televisivos pode significar a homogeneização da sociedade de uma forma superficial. Algo que se reflete em todos os aspectos da vida social, da economia à simples convivência entre as pessoas. Analisando o estilo de diálogo que domina a vida brasileira, Alcino Leite Neto comenta:

> Certamente leveza é uma das características da arte da conversação, mas nunca a superfluidade, que é o que predomina entre nós, com

nossa mentalidade-zapping, essa implosão da consciência provocada pelo predomínio da televisão e da publicidade na formação mental do brasileiro.[2]

A televisão, como carro-chefe da indústria cultural, transformou a cultura infantil. As manifestações não induzidas (ao menos não tão explicitamente) pelo sistema econômico que, durante muito tempo, constituíram o bojo da cultura infantil foram substituídas por uma cultura que se consome e se descarta conforme os ditames da moda (ou do planejamento estratégico das corporações). Dizer que esse é um caminho sem volta pode ser uma manifestação de radicalismo tão intensa quanto atribuir traços apocalípticos a tal cenário. A cultura está se transformando, assim como a própria sociedade, e dentro da dinâmica da história, os caminhos se entrelaçam, extinguem-se e retornam, conforme as ondas do tempo a atravessam. Previsões no campo das conjunções sociais são tão aleatórias e sujeitas a erros como já o demonstraram aqueles que decretaram o fim da História, o fim do Capitalismo, o fim do Marxismo, o fim do nazismo, o fim da literatura, o fim do cinema e o fim do rádio (os dois últimos quando foi lançada a televisão). Simultaneamente ao avanço da mídia sobre as práticas sociais, sobrevivem e muitas vezes se fortalecem correntes contrárias que, no caso da infância, buscam preservar alguns dos elementos de um tempo em que as crianças construíam uma cultura própria (ou mais própria que a absorvida da indústria cultural), de forma não tão diretamente vinculada aos interesses e valores do sistema econômico. Embora os efeitos de transformação provocados pela mídia e pela indústria cultural tenham, a princípio, uma força indelével, como pontuam Steinberg e Kincheloe, ao afirmarem que "o 'gênio' da infância tradicional saiu da garrafa e não consegue voltar".[3]

A substituição da cultura produzida pela cultura consumida significa também uma alteração dos processos interiores da criança. Se na fase pré-operacional ela vivencia um estágio de grande fantasia através do qual vai construindo a sua individualidade e a sua relação com o mundo, as expressões criativas dessa interioridade vão sendo cerceadas pelos estímulos que vêm de fora para dentro. Herbert Read já chamava a atenção para essa distorção, embora referindo-se às formas de ensino mais racionalistas, sem ênfase na arte, e não à televisão, que, em seu tempo, ainda não possuía o mesmo impacto que no mundo contemporâneo.[4]

Ajudar a criança a descobrir caminhos para decifrar os meios de comunicação social é uma das formas capazes de alterar, ainda que num mínimo grau, esse estado de coisas. Disseminar formas de compreensão da linguagem cinematográfica, introduzir nas escolas o hábito da leitura prazerosa, enfim, ajudar as crianças a compreenderem os produtos da indústria cultural (incluindo o cinema) e a se posicionarem de forma crítica diante deles é uma das formas de se contrapor aos atos de poder com que a sociedade as conduz para satisfazer as demandas do sistema e não as suas próprias necessidades.

Num dos raros levantamentos da bibliografia sobre a infância e o cinema escritos em língua portuguesa, Ilka Brunilde Laurito descrevia, já em 1962, e de uma forma quase poética, a necessidade de ajudar as crianças a percorrer os meandros de um cinema produzido por uma indústria que nem sempre a respeita:

> A criança tem necessidade de filmes. O cinema precisa estar integrado na sua visão de vida e na sua experiência de mundo, como forma de conhecimento, fonte de informação e como expressão artística. Então, é preciso que alguém se prepare para ensiná-la a ler os filmes como aprende a ler os livros: sentindo, aprendendo, compreendendo, criticando e escolhendo. Por si mesma. Embora orientada com inteligência. Quem será esse alguém? Quem goste de criança e que goste de cinema; quem entenda de criança e quem entenda de cinema. Para entender de crianças, existem compêndios. Para entender de cinema, também existem compêndios. Mas para amar criança, existe a convivência; esse dom de se tornar pequeno e de comunicar espontaneamente. E para se amar cinema, existe a frequência: o abismar-se diante da tela, deixar-se tomar, viver, repensar depois com as luzes acesas.[5]

Seguindo o raciocínio de Laurito, talvez se pudesse dizer que a melhor forma de produzir cinema infantil seria amando as crianças e amando o cinema. Mas, no caso do cinema brasileiro, essas são reflexões que nunca se desenvolveram de forma mais intensa, diante da quase inexistência do gênero no país. A produção brasileira de filmes para crianças, 2% do total da produção cinematográfica do país, é proporcionalmente irrisória, em especial se considerarmos que as plateias infantis significam a formação do futuro público para o cinema brasileiro. Esse percentual torna-se ainda mais gritante quando comparado ao de outros países, como a Dinamarca ou o Irã, onde a produção de filmes infantis somente é possível com apoio estatal. Entretanto, aqui nunca houve um apoio efetivo sequer similar à radical legislação dinamarquesa, que prevê a destinação de um quarto dos recursos públicos disponíveis para a realização de filmes voltados ao público infantojuvenil. Na verdade, nunca chegamos sequer perto desse estágio de preocupação com as gerações mais novas. Aqui, apenas episodicamente alguma atenção já foi dada ao segmento infantil, através de uma legislação aleatória e sem continuidade.

Mas como por trás de leis desse tipo não havia um projeto cultural e de políticas públicas consistente que beneficiasse o público infantil, as distorções se tornaram inevitáveis. As exceções foram muito mais frutos do acaso ou das qualidades individuais de certos projetos, a exemplo de *A dança dos bonecos*, do que de uma política governamental para o gênero.[6] Enfim, ao contrário de outros países, os raros e esparsos esforços governamentais no Brasil em prol do cinema infantil consistiram de leis isoladas, sem a existência de uma política efetiva para o setor. Merece registro a iniciativa do Ministério da Cultura, em conjunto com a TVE, hoje TV Brasil, de apoiar, a partir de 2003, a realização de filmes de curta-metragem voltados para a criança dentro do projeto Curta Criança. Ainda que incipiente e isolada, a iniciativa não deixou de ser um primeiro passo para ações mais efetivas e expressivas em relação à produção cinematográfica para crianças.

Além disso, repetem-se no gênero infantil as mesmas dificuldades que o cinema nacional sempre enfrentou como um todo, sendo as mais expressivas a colonização do cinema estrangeiro e a falta de hábito do espectador de assistir a produções nacionais, comportamento que, felizmente, tem se alterado nos últimos anos.

Com relação à exibição cinematográfica, nunca houve no Brasil qualquer ação mais concreta, exceto alguma lei equivocada como aquela que criou as matinês com filmes de censura até 10 anos na década de 1970. Bernadet relata que, como a legislação não definia o que é um cinema infantil, referindo-se somente a filmes de censura livre ou até 10 anos, os exibidores aproveitavam para passar películas diversas que não interessavam às crianças.[7] Na produção, nunca se estabeleceu qualquer incentivo especial no campo do longa-metragem, nem em patamares que sequer se aproximassem de longe da legislação dinamarquesa, que destina às crianças e aos jovens 25% dos recursos públicos para a produção cinematográfica, ou da curiosa isenção de impostos para *Prinsessa Ruusunen* na Finlândia por sua importância para o público infantil daquele país.

O caso do Ince, com todos os seus acertos e equívocos, e o concurso público do Ministério da Cultura para a realização de telefilmes de curta-metragem para a TVE permanecem como as únicas ações de governo concretas em toda a história da cinematografia nacional. Pode-se argumentar que alguns filmes infantis brasileiros foram feitos através da Embrafilme ou das leis de incentivo cultural, mas eles concorreram a esses recursos no mesmo páreo dos filmes para adultos. Assim, sem um efetivo apoio governamental, o cinema infantil brasileiro somente subsistiu graças à própria dinâmica do mercado e à tenacidade de alguns poucos realizadores.

Mazzaropi, Xuxa e os Trapalhões tiveram uma grande contribuição na prática das crianças de assistirem a filmes brasileiros, conectando-as com o universo audiovisual de nosso país. Se os dois últimos trouxeram consigo os vícios da "ideologia" televisiva, cabe-lhes o inegável mérito de terem, isolada e persistentemente, ajudado a construir e formar um espectador para o cinema nacional. Talvez os mesmos que, depois de adultos, viabilizaram o sucesso de produções como *Central do Brasil*, *Cidade de Deus* e outras.

Como comprovam filmes mais recentes destinados às crianças, a exemplo de *O Menino Maluquinho*, *Tainá*, *Eu e meu guarda-chuva*, *Castelo Rá-Tim-Bum* e mesmo *Xuxa e os duendes*, o cinema brasileiro começa a descobrir e, em alguns casos, a compreender a narrativa infantil. Enfrenta, claro, os dilemas e obstáculos implicados em falar numa linguagem audiovisual para as expectativas, carências e desejos de um espectador que, queira-se ou não, possui sua própria especificidade.

Pouco se estudou no Brasil sobre as relações da infância com o cinema, mesmo que dentro do espectro da mídia, abordagem mais comum nos países de língua inglesa. Assim, é com base no empirismo e nos conceitos pessoais dos realizadores, como observou Jean-Claude Bernadet, que aqui se realiza o cinema destinado às crianças.[8] Ao contrário da literatura infantojuvenil nacional, que já foi objeto de inúmeros estudos com relação aos seus aspectos pedagógicos, psicológicos, sociológicos e propriamente literários, o cinema infantil permanece um gênero que apenas se faz, sobre o qual não se pensa, e que, com isso, não encontra embasamentos para se fortalecer e mesmo tornar-se mais próximo das demandas das próprias crianças. Espera-se que *Lanterna mágica* permita um primeiro passo nessa direção, ao sugerir caminhos a serem explorados, confirmados ou rejeitados por futuras pesquisas.

Uma questão fundamental sobre o cinema infantil é a de que escrever ou filmar uma obra destinada às crianças significa inscrever-se num patamar menor da arte. Aplica-se à cultura infantil a mesma postura que classifica as crianças como seres imperfeitos, ainda não evoluídos, em vez de vê-las como seres humanos com características próprias. Por exemplo, nos compêndios de história do cinema, poucas vezes se fala do cinema infantil, havendo no máximo referência a um ou dois filmes, e não por suas qualidades diante do público para o qual foi realizado.

Outra situação que evoca o mesmo tipo de preconceito é a dos festivais. Cada vez mais têm proliferado, em vários países, os festivais exclusivos de cinema infantil, que são um importante canal de disseminação da produção cinematográfica para crianças. Por outro lado, tem se tornado comum a prática de importantes festivais criarem mostras específicas de filmes para o público infantil. Isso também seria altamente positivo se a regra não fosse a exclusão daquelas obras das competições oficiais, como se um filme infantil não tivesse condições ou status para disputar premiações com as produções consideradas mais "sérias", ou seja, adultas.

No Brasil, não é diferente. Trabalhar com arte para crianças representa um estágio menos importante se comparado a dedicar-se à literatura ou ao cinema para o público adulto. Com isso, caem no ostracismo diversas obras de grande qualidade que os artistas brasileiros já produziram em livro ou em filmes. Muitas vezes esquecidos da história oficial, acabam sendo relegados a uma categoria especial, que mais segrega do que valoriza. Monteiro Lobato é considerado, quase unanimamente, o maior escritor infantil nacional. Mas raramente é incluído na lista dos melhores escritores do país. Da mesma forma, o cinema infantil passa ao largo das histórias que já se escreveram sobre o cinema brasileiro, não ocupando nenhum espaço similar ao da chanchada, do Cinema Novo, do underground. Aliás, na maioria das vezes, não ocupando lugar nenhum.

Como nota o professor da Universidade do Texas, Tim Morris, em seu livro *You're Only Young Twice: Children's Literature and Film*, na relação de alteridade adulto/criança, ao contrário de outras dualidades humanas, como raça ou sexo, está o único caso em que é possível já ter sido o outro alguma vez. Isso já seria motivo para que houvesse maior abertura e compreensão por parte do mundo adulto em relação à infância. No entanto, não é assim que as coisas acontecem.[9]

Quebrar esses parâmetros e passar a enxergar o cinema e, enfim, a arte e a cultura voltadas para as crianças com o mesmo olhar com que se vê a produção artística e cultural do mundo adulto depende, sobretudo, da própria forma como a infância é tratada pela sociedade. É preciso romper preconceitos e aceitar o mergulho num mundo que muitas vezes requer imaginação e fantasia, e, em outras, pode parecer singelo e pueril em demasia, mas que, afinal, não nos é tão estranho assim. Pois, como afirmou Tim Morris, já fizemos parte dele um dia.

Notas

1. NAPOLITANO, Marcos. *Como usar o cinema na sala de aula*. São Paulo: Contexto, 2003, p. 22.
2. LEITE NETO, Alcino. "Os cães ladram e as palavras morrem". *Folha de S.Paulo*. Disponível em: <www.folha.uol.com.br/folha/pensata/ult682u74.shtml>. Acesso em 8/6/2003.

3. STEINBERG, Shirley e KINCHELOE, Joe. "Sem segredos: cultura infantil, saturação de informação e infância pós-moderna". In: STEINBERG, Shirley e KINCHELOE, Joe. *A construção corporativa da infância*. Rio de Janeiro: Civilização Brasileira, 2001, p. 13.
4. READ, Herbert. *A educação pela arte*. São Paulo: Martins Fontes, 2001.
5. LAURITO, Ilka Brunilde. *Cinema e infância:* plano de estudos e orientação bibliográfica. São Paulo: Fundação Cinemateca Brasileira, 1962, p. VII.
6. BERNADET, Jean-Claude, *op. cit.*, p. 162.
7. *A dança dos bonecos* foi produzido a partir de um concurso realizado em função de um convênio entre o governo de Minas Gerais e a Embrafilme. Mas, como registra o diretor Ratton em depoimento ao autor, "a produção foi muito dura porque a Embrafilme estava em crise e não cumpria a sua parte, o que nos levou a fazer o filme com pouquíssimos recursos. E como a ideia de misturar bonecos com atores é muito complicada de realizar, isso exigiu de nós muita criatividade e uma verdadeira descoberta de novos caminhos, como se estivéssemos inventando algo totalmente novo".
8. MORRIS, T. *You're Only Young Twice: Children's Literature and Film*. Champaign: University of Illinois Press, 2000.
9. *Idem.*

Índice remissivo

A
Adams, Richard, 56, 68
Adorno, Theodor, 9
Alegar, James, 16, 36
Ali Babá e os 40 Ladrões, 46
Alice no país das maravilhas, 46, 54, 68
Alladin, 46
Allen, Irwin, 55
Almeida, Abílio Pereira de, 101
Almeida, Lúcia Machado de, 86, 122
Almeida, Paulo Sérgio de, 13, 150, 154, 197
Althusser, Louis, 20
Alvarenga Júnior, José, 8, 145, 165, 195, 196, 197
Ana Maria, 69, 86, 122, 152
Andersen, 45, 64, 85, 106, 175
Andomson, Andrew, 129
Andrade, Tales de, 85
Angélica, 152, 155, 165
Annakin, Ken, 73
Antamaro, Cesare, 46
Apocalypse, Álvaro, 110
Applebome, Peter, 23
Aragão Neto, Paulo, 197
Aragão, Renato, 6, 140, 144, 145, 147, 148, 171

Armstrong, Samuel, 36
Ary Fernandes, 5, 101, 102, 192
Attenborough, Richard, 51
Avancini, Walter, 98
Aventuras da Turma da Mônica, As, 9, 115
Aventuras de Lulu, As, 87
Aventuras de Pedro Malasartes, As, 101
Aventuras de Robin Hood, As, 54
Aventuras de Robinson Crusoé, As, 194
Aventuras do Príncipe Achmed, As, 53

B
Babe, um porquinho atrapalhado, 160
Badham, John, 57
Balão branco, O, 66
Balão vermelho, O, 54, 61, 65, 72
Ballard, Carrol, 65
Barqueiro do volga, O, 4
Basile, Giambattista, 43
Bass, Jules, 55
Baum, Frank, 54, 68
Bazin, 61, 104
Beau Geste, 4
Bela e a fera, A, 71
Belinky, Tatiana, 122
Benjamin, Walter, 10

Bettelheim, Bruno,162
Bilac, Olavo, 85
Bim, 72
Bleue, Barbe, 46
Bloch, Sérgio, 118
Bluth, Don, 58, 65
Bo, Sonika, 51
Boccaccio, Giovanni, 43
Bojunga, Lygia, 86, 122
Bonfim, Manuel, 85
Boury, Alexandre, 197
Branca de Neve e os sete anões, 54, 71
Brenon, Herbert, 5
Bruxinha que era boa, A, 103
Burroughs, Edgar Rice, 54

C
Caçador de fantasmas, O, 108
Caçadores da arca perdida, Os, 22
Caipira em Bariloche, Um, 101
Calhambeque mágico, O, 55
Camargo, Wanessa, 152
Campos, Paulo Mendes, 102
Capitão Coragem, 54
Capitão Escarlate, 120
Carro de bois, 92
Carroll, Lewis, 12, 68
Cassiopeia, 119, 120
Castelo Rá-Tim-Bum - O filme, 162
Castelo Rá-Tim-Bum, 156, 167, 168, 170
Cavalinho azul, O, 15, 62, 110, 111, 112, 113, 114, 121, 140, 150, 151, 162, 166
Chamado selvagem, 53
Chapeuzinho Vermelho, O, 46

Chaplin, Charles, 12, 46
Chateaubriand, Assis, 142
Chaucer, Geoffrey, 43
Chegada do trem na estação, A, 46
Cidadão Kane, 12
Cilada para Roger Rabbit, Uma, 9
Cinco semanas num balão, 55
Cinderela, 46
Clarke, James B., 55
Clements, Ron, 175
Cocteau, Jean, 71
Columbus, Chris, 22, 56, 58
Comencini, Luigi, 54
Comenius, John Amos, 43
Conto de Natal, Um, 47, 53
Contos da carochinha, 85
Contos da Mãe Gansa, 43
Contos de fadas para crianças e adultos, 45
Contos de fadas, 43
Coontz, Stephanie, 23
Cooper, Merian C., 54
Corcel negro, O, 58
Correia, Viriato, 85, 86
Crim Blanc, 61, 72
Cromwell, John, 54
Crônicas de Narnia, As, 69
Crusoé, Robinson, 44, 47
Cukor, George, 53
Curtiz, Michael, 54

D
D'Aulnoy, Marie, 43
Dança das bruxas, A, 103
Dança das bruxas, A, 140

Dança dos bonecos, A, 110, 112, 113, 114, 117, 119, 126, 139, 151, 153, 156, 163, 170, 175, 181, 185
Danialetto Júnior, Dactoir, 196
David Cooperfield, 47, 53
Dawe, Frank, 194
Defoe, Daniel, 44
Del Picchia, notti, 86
DeMille, Cecil B., 4
Demy, Jacques, 64, 102
Dickens, Charles, 47
Disney, 15, 16, 17, 36, 53, 54, 55, 56, 58, 59, 61, 62, 65, 94, 95, 154, 155, 175, 200, 202, 203, 211
Donen, Sranley, 55
Donner, Richard, 22
Doutor Dolittle, 55
Dreux, Francisco, 103, 192
Dupré, Maria José, 86

E
E.T., o Extraterrestre, 12, 56
Embalos de sábado à noite, Os, 57
Ende, Michael, 42, 70
Endfield, Cy, 55
Era uma vez, 85, 115
Escorel, Eduardo, 6, 62, 110, 195
Espaço 1999, 120

F
Fábulas, As, 43
Façanhas do Lulu, 87
Família Adams, A, 167
Fantasia 2000, 16, 17

Fantasia, 15, 16, 17, 36, 94, 96, 115, 129, 201
Fantasma da ópera, O, 4
Fantasma de Canterville, O, 108
Fantástica fábrica de chocolate, A, 56
Farias, Roberto, 102, 195
Fénelon, 44
Ferguson, Norman, 36, 96
Ferre, Luís, 166
Field, Mary, 51
Fievel, um conto americano, 58
Filho, Daniel, 195
Filho, Erasto, 195
Filho, Lourenço, 89
Filhos do paraíso, 12, 66, 146
Fleischer, Dave, 53
Fleischer, Richard, 55
Fleming, Victor, 54
Flemming, Ian, 55
Flinstones, Os, 140
Fofão, 165, 196
Freinet, Célestin, 71
Froebel, Friedrich, 20

G
Galland, 44
Garoto, O, 46
Gato de madame, O, 101
Geronimi, Clyde, 54
Gertie, the dinosaur, 46
Ghandi, 51
Goebbels, Joseph, 90
Gomes, Paulo Emílio Salles, 36, 62
Gomes, Rogério, 13, 150, 197
Gonçalves, Álvaro Henrique, 110

Graça, Venerando, 87
Grande aventura, A, 55
Grande Otelo, 101
Greystoke, a lenda de Tarzã, o rei das selvas, 22
Grilo feliz, O, 8, 120
Grimm, irmãos, 45, 67, 85, 109
Guerra nas estrelas, 36, 56, 120
Gugu Liberato, 150, 152
Gunvall, Per, 67
Gutenberg, 44

H

Hamburger, Cao, 6, 65, 167, 169, 197
Hand, David, 53, 96
Handley, Jim, 36
Hanna-Barbera, 140
Harry Potter (série de livros), 22, 122
Harry Potter e a pedra filosofal, 56
Haskins, Byron, 54
Henson, Jim, 58
Hepworth, Cecil, 46, 47, 52
Hergé, 102
História sem fim, A, 42, 167
Hobbit, O, 55, 56, 58, 68
Holland, Agnieszka, 56
Hollanda, Chico Buarque de, 145
Homem invisível, O, 54
Homem-Aranha, 22
Hudson, Hugh, 22
Hughes, John, 58
Hughes, Ken, 55

I

Il Pentamerone, 43
Ilha do tesouro, A, 47, 54

Ilha dos delfins azuis, A, 55
Ilha misteriosa, A, 55
Imperador e o rouxinol, O, 55, 72
Iwwerks, Ubbe Ert (Ub Iwerks), 53

J

Jackson, Peter, 13, 22, 56
Jackson, Wilfred, 36, 54
James e o pêssego gigante, 56
Jardim secreto, O, 56
Jardim zoológico, 87
Jeffries, Lionel, 55
Jenson, Vicky, 129
Jetsons, Os, 120
Jim Knopf e Lucas, a locomotiva, 70
João do Rio, 85
Jogos de guerra, 57
Jonjoca, o dragãozinho manso, 93
Jornada nas estrelas, 120

K

Kaiser, 87
Karloff, Boris, 64
Keighley, William, 54
Kellner, Douglas, 9, 33, 147
King Kong, 54
Kline, Stephen, 19, 27, 140

L

L'Héritier, Mlle., 44
La Fontaine, 43, 44
La Piacevoli Notti, 43
Ladrões de bicicleta, 12
Lago, Ângela, 86, 122
Lamarca, Tânia, 118

Lamorisse, Albert, 54, 61, 65, 72
Lang, Fritz, 108
Lassie, 102
Latini Filho, Anélio, 95, 96, 192
Latini, Mário, 193
Les Royaumes de Fées, 46
Lesage, Romain, 103, 192
Lessa, Orígenes, 86
Lewis, C. S., 69
Lieutenant Rose and the Chinese Pirates, 52
Lieutenant Rose and the Moorish Raiders, 52
Lieutenant Rose and the Stolen Submarine, 52
Lima Jr., Walter, 102
Lima, Mauro, 198
Lima, Victor, 193
Lindgren, Astrid, 67
Little Nemo in Slumberland, 46
Livro de Carlinhos, O, 87
Lobato, Monteiro, 85, 86, 97, 98, 100, 107, 128, 129, 176, 208, 210
Lobo, Edu, 145
Lofting, Hugh, 55
London, Jack, 53
Lua de cristal, 150, 153, 156
Lubin, Arthur, 4
Lubitsch, Ernst, 71
Lucas, George, 36, 56, 120, 140
Lumière, irmãos, 46
Luske, Hamilton, 36, 54

M
Macaco feio, macaco bonito, 87

Machado, Ana Maria, 86, 122
Machado, Maria Clara, 15, 62, 103, 110, 111, 121, 122
Magic, 51
Mágico de Oz, O, 54, 100
Majidi, Majid, 12, 66
Maneco, o supertio, 194
Manga, Carlos, 195
Mão, A, 72
Maravilha, Elke, 165
Marin, Edwin L., 53
Marins, Francisco, 86
Martins, Álvaro, 87
Mary Poppins, 9, 55, 115
Mauro, Humberto, 92, 93, 95, 128, 202, 215
Mazzaropi, 100, 101
Mazzaropi, Amácio, 5
McCay, Winsor, 46, 53
McLuhan, Marshall, 26
Meireles, Cecília, 89
Meirelles, Fernando, 118, 197
Méliès, Georges, 45, 46, 59
Menina do narizinho arrebitado, A, 85
Menino de engenho, O, 107
Menino Maluquinho, O, 116, 117, 118, 119, 121, 139, 159, 161, 162, 183, 200
Metrópolis, 108
Meu pé de laranja lima, 104, 107, 15, 104, 105, 106, 112, 113, 117, 118, 162, 176, 210
Migliaccio, Flávio, 108, 163, 196
Miguel, Líbero, 193
Mil e uma noites, As, 44, 71
Milestone, Lewis, 121

Momo, 70
Montessori, Maria, 20, 71
Mortal Kombat, 160
Mulherzinhas, 47, 54
Mundo visível em gravuras, O, 43

N
Nakashima, 110, 195
Nanni, Rodolfo, 6, 13, 98, 99, 192
Nanni, Rodolfo, 97, 98, 99, 107
Neto, Coelho, 85
Neves, Arthur, 97, 98
Novas aventuras de Pippi Meialonga, As, 73
Noviço rebelde, O, 147, 153, 155, 163

O
Obras misturadas, 44
Oliver Twist, 47
Orain, Fred, 51

P
Patinho feio, O, 53
Pekka Puupää, 67
Pele de asno, 64, 102
Penido, Anna, 150, 195
Pequena Sereia, A, 175
Pequeno Chihuahua, O, 53
Pequeno Havita, O, 96
Pequeno príncipe, O, 7, 55
Pereira, Gilvan, 194
Perrault, Charles, 43
Peter Pan, 153, 210
Petersen, Wolfgang, 42, 129
Piaget, Jean, 30, 34, 61

Picapau amarelo, O, 107, 140, 176
Piconzé, 110
Pimentel, Figueiredo, 85
Pinóquio, 46, 53, 71
Pinto, Fabrizia, 197
Pippi Meialonga, 67
Pistola para D'jeca, Uma, 5
Pluft, o fantasminha, 15, 103
Ponte longe demais, Uma, 51
Postman, Neil, 9, 21, 24, 34, 44
Preschac, 44
Presente de Natal, 110
Princesa Xuxa e os Trapalhões, 145, 146
Príncipe e o mendigo, O, 47
Prinsessa Ruusunen, 67
Prisioneiro de Zenda, O, 54

Q
Quando o coração bate mais forte, 55
Quatro chaves mágicas, As, 109, 115

R
Raimi, Sam, 22
Rainha das fadas, A, 44
Rangel, Antônio, 195, 196
Rank, Arthur, 51, 92
Rankin Jr., Arthur, 56
Ratinha valente, A, 58
Ratton, Helvécio, 6, 65, 110, 112, 116, 117, 119, 139, 159, 169, 195, 196, 200
Read, Herbert, 34, 179
Regador regado, O, 46, 71, 93
Rego, José Lins do, 86, 102
Reiniger, Lotte, 53, 71
Rescued by the Rover, 102

Ribas, Walbercy, 8, 120
Rin Tin Tin, 52
Ritt, Martin, 55
Roberto Carlos a 300 quilômetros por hora, 102
Roberto Carlos e o diamante cor-de-rosa, 102
Roberto Carlos em rimo de aventura, 102
Roberts, Bill, 36
Robô em curto-circuito, Um, 58
Rocha, Ruth, 86, 122
Rodenberry, Genne, 120
Roquette-Pinto, Edgar, 89, 90, 91
Rosen, Martin, 55
Ruman, Michael, 197

S
Saci, O, 13, 15, 97, 98, 99, 100, 101, 107, 121, 140, 151, 156, 162, 176
Sai da frente, 101
Saint-Exupéry, Antoine de 55
Saltimbancos Trapalhões, Os, 145
Salvá, Alberto, 109
Sandy e Júnior (dupla), 147, 155
Santana, Dedé, 195
Santoro, Cláudio, 97, 98
Santos, Nelson Pereira dos, 98
Santos, Roberto, 97
Sarno, Geraldo, 107, 193
Satterfield, Paul, 36
Schoedsack, Ernest B., 54
Schubert, Franz, 16
Seel, Luiz, 87
Selick, Henry, 56

Senhor dos Anéis – A sociedade do anel, O, 13, 56
Sergio Malandro, 165
Serrano, Jonathas, 89
Seth (Álvaro Martins), 87
Sharpsteen, Ben, 36, 53
Sher, Jack, 55
Shrek, 129
Sica, Vittorio de, 12
Silly Simphonies, 96
Silveira, Mozael, 194
Simão, o fantasma trapalhão, 197
Simpson, Amelia, 9, 171
Sinfonia amazônica, 95, 96, 97, 100, 101, 162
Smith, Adam, 27
Sommenschein, David, 150
Sounder, lágrimas de esperança, 55
Sousa, Mauricio de, 9, 115
Spielberg, Steven, 12, 22, 33, 56, 129, 140
Stamato, João, 87
Steiner, Rudolf, 20, 34, 64
Stevenson, Robert Louis, 9, 55
Straparola, Giovan Francesco, 43
Stravinsky, Igor, 16
Street, Douglas, 47, 68, 121, 169
Stuart Mel, 56
Stuart, Adriano, 194
Stuart, Antônio, 196
Super Xuxa contra o Baixo Astral, 150
SuperColosso, 166
Superman, o filme, 22
Swan, Anni, 67
Swift, Jonathan, 44, 55
Swift, Jonathan, 68

T

Tahan, Malba, 86
Tainá 2, a aventura continua, 198
Tainá, 118, 119, 126, 156, 164, 175, 183
Tanko, J. B., 145, 192, 193, 194, 195
Tarzan, o homem-macaco, 54
Tati, Jacques, 51
Teijido, Tito, 193
Teixeira, Aurélio, 104, 192
Telêmaco, 44
Tilly and the fire engines, 52
Tilly, the tomboy goes boating, 52
Tim Burton, 58
Tintin, 102
Tolkien, J. R. R., 13, 56
Tom Sawyer, 12, 47
Trapalhões e a árvore da juventude, Os, 146, 176
Trapalhões no auto da compadecida, Os, 195
Trapalhões, Os, 3, 5, 8, 108, 144, 145, 146, 147, 148, 153, 161, 165, 170, 171, 176, 213
Trapalhões, Os, 6, 125, 145, 146, 147, 150, 182
Travesso, Marcelo, 197
Três mundos de Gulliver, Os, 55
Trnka, Jiri, 55, 64, 72, 201
Truffaut, François, 61
Twain, Mark, 12, 47

U

U.F.O., 120
Uranga, Arturo, 115, 196

V

Vagabundos Trapalhões, Os, 145, 146
Van Dyke, W. S., 54
Vargas, Getúlio, 88, 90, 91, 98
Vasconcelos, José Mauro de, 15, 104, 122
Velha a fiar, A, 94
Venâncio Filho, Francisco, 89
Veríssimo, Érico, 86
Verne, Julio, 55
Viagem à Lua, 45, 46, 59
Viagens de Gulliver, 44, 53
Viany, Alex, 98
Vieira, Clóvis, 120, 197
Vigilante e os cinco valentes, O, 102
Vigilante em missão secreta, O, 102
Vigilante rodoviário, O, 102
Vigotski, L. S., 60, 72
Vinte mil léguas submarinas, 47
Voando para casa, 58
Você já foi à Bahia?, 96
Volta do Capitão Gancho, A, 57

W

Wallace, Edgar, 54
Wallon, Henri, 51, 71, 205
Wallon, Pierre, 71
Walt Disney, 15, 16, 17, 53, 54, 55, 58, 100, 155
Welles, Orson, 12
Wellman, William, 53
Wells, H.G., 54
Whale, James, 54

X

Xeretas, Os, 197

Xuxa, 3, 5, 8, 13, 125, 145, 146, 147, 148, 150, 151, 152, 153, 154, 155, 156, 157, 158, 160, 161, 162, 163, 165, 166, 170, 171, 175, 182, 183, 195, 196, 197, 198, 202, 209, 210
Xuxa e os duendes, 13, 150, 151, 152, 153, 155, 158, 164
Xuxa e os duendes 2 – No caminho das fadas, 157, 175
Xuxa popstar, 156
Xuxa requebra, 150, 156
Yamasaki, Tizuka, 150, 153, 155, 196, 197

Z
Zacharias Topelius, 67
Zamuner, Pio, 101
Zecca, Ferdinand, 46
Zemeckis, Robert, 9
Ziraldo, 116, 118
Zoando na TV, 8, 161, 165

Apêndice

Cronologia do cinema infantil brasileiro de longa-metragem[1]

1952

Sinfonia amazônica — Direção: Anélio Latini Filho

1953

O saci — Direção: Rodolfo Nanni

1962

O vigilante rodoviário — Direção: Ary Fernandes

1964

Pluft, o fantasminha — Direção: Romain Lesage

1967

O adorável trapalhão — Direção: J. B. Tanko

1970

A dança das bruxas — Direção: Francisco Dreux
Meu pé de laranja lima — Direção: Aurélio Teixeira

---

[1] Foram incluídos no quadro acima todos os filmes produzidos para o público infantil no Brasil a despeito de terem sido eventualmente classificados neste texto como produções familiares, infantis ou juvenis. Foram excluídos apenas aqueles produzidos sem terem o público infantil como alvo prioritário, a exemplo das produções de Mazzaropi e dos filmes estrelados por Roberto Carlos na época da Jovem Guarda. São mencionados apenas os desenhos animados infantis.

1971

As aventuras com tio Maneco — Direção: Flávio Migliaccio
Bonga, o vagabundo — Direção: Victor Lima

1972

Ali Babá e os quarenta ladrões — Direção: Victor Lima

1973

O picapau amarelo — Direção: Geraldo Sarno
Aladim e a lâmpada maravilhosa — Direção: J. B. Tanko
O detetive Bolacha contra o gênio do crime — Direção: Tito Teijido
Regina e o dragão de ouro — Direção: Líbero Miguel

1974

Robin Hood, o trapalhão da floresta — Direção: J. B. Tanko

1975

Tio Maneco, o caçador de fantasmas — Direção: Flávio Migliaccio
O trapalhão na ilha do tesouro — Direção: J. B. Tanko

1976

O trapalhão no Planeta dos Macacos — Direção: J. B. Tanko
Simbad, o marujo trapalhão — Direção: J. B. Tanko

1977

O trapalhão nas minas do rei Salomão — Direção: J. B. Tanko
Uma aventura na floresta encantada — Direção: Mário Latini

1978

Maneco, o supertio — Direção: Flávio Migliaccio
As aventuras de Robinson Crusoé — Direção: Mozael Silveira

Elke Maravilha contra o Homem Atômico — Direção: Gilvan Pereira
Os Trapalhões na guerra dos planetas — Direção: Adriano Stuart

1979

O cinderelo Trapalhão — Direção: Adriano Stuart
Dani, um cachorro muito vivo — Direção: Frank Dawe
Mônica e Cebolinha no mundo de Romeu e Julieta — Direção: Mauricio de Sousa

1980

Os três mosqueteiros trapalhões — Direção: Adriano Stuart
O rei e os Trapalhões — Direção: Adriano Stuart

1981

Os saltimbancos Trapalhões — Direção: J. B. Tanko

1982

As aventuras da Turma da Mônica — Direção: Mauricio de Sousa
Os Trapalhões na Serra Pelada — Direção: J. B. Tanko
Os três palhaços e o menino — Direção: Milton Alencar Junior
Os vagabundos Trapalhões — Direção: J. B. Tanko

1983

A princesa e o robô — Direção: Mauricio de Sousa
O cangaceiro Trapalhão — Direção: Daniel Filho
O Trapalhão na arca de Noé — Direção: Antônio Rangel
Boi Aruá — Direção: Chico Liberato

1984

O cavalinho azul — Direção: Eduardo Escorel
A filha dos Trapalhões — Direção: Dedé Santana

Piconzé (1972/84) — Direção: Yppe Nakashima
Os Trapalhões e o mágico de Oroz — Direção: Dedé Santana e Victor Lustosa

1985

A dança dos bonecos — Direção: Helvécio Ratton
Os Trapalhões no reino da fantasia — Direção: Dedé Santana

1986

O Trapalhão no rabo do cometa — Direção: Dedé Santana
Os Trapalhões e o rei do futebol — Direção: Carlos Manga

1987

Os fantasmas Trapalhões — Direção: J. B. Tanko
Os Trapalhões no auto da compadecida — Direção: Roberto Farias

1988

As aventuras de Sérgio Mallandro — Direção: Erasto Filho
Heróis trapalhões, uma aventura na selva — Direção: José Alvarenga Júnior
O casamento dos Trapalhões — Direção: José Alvarenga Júnior
Super Xuxa contra o Baixo Astral — Direção: Anna Penido e David Sonnenschein

1989

A princesa Xuxa e os Trapalhões — Direção: José Alvarenga Júnior
A rádio de Chico Bento — Direção: Dactoir Danialetto Júnior
Fofão e a máquina sem rumo — Direção: Antônio Stuart
Os Trapalhões na terra dos monstros — Direção: Flávio Migliaccio

1990

Lua de cristal — Direção: Tizuka Yamasaki

O mistério de Robin Hood — Direção: José Alvarenga Júnior
Uma escola atrapalhada — Direção: Antônio Rangel

1991

Os Trapalhões e a árvore da juventude — Direção: José Alvarenga Júnior

1993

Era uma vez... — Direção: Arturo Uranga

1995

O Menino Maluquinho — Direção: Helvécio Ratton

1996

Cassiopeia — Direção: Clóvis Vieira
SuperColosso — Direção: Luiz Ferré

1997

O noviço rebelde — Direção: Tizuka Yamasaki
Os três zuretas — Direção: A. S. Cecílio Neto

1998

Simão, o fantasma trapalhão — Direção: Paulo Aragão Neto
O Menino Maluquinho 2 — A aventura — Direção: Fabrízia Alves Pinto e Fernando Meirelles

1999

Castelo Rá-Tim-Bum — O filme — Direção: Cao Hamburger
Xuxa requebra — Direção: Tizuka Yamasaki
Zoando na TV — Direção: José Alvarenga Júnior

2000

Um anjo trapalhão — Direção: Alexandre Boury e Marcelo Travesso
Tainá — Direção: Tânia Lamarca e Sérgio Bloch

2001

Xuxa e os duendes — Direção: Paulo Sérgio Almeida e Rogério Gomes
O grilo feliz — Direção: Walbercy Ribas Camargo
Os xeretas — Direção: Michael Ruman

2002

Xuxa e os duendes 2 — Direção: Paulo Sérgio de Almeida e Rogério Gomes

2003

Xuxa abracadabra — Direção: Moacyr Góes
Didi, o cupido trapalhão — Direção: Paulo Araújo

2004

Xuxa e o tesouro da cidade perdida — Direção: Moacyr Góes
Didi quer ser criança — Direção: Alexandre Boury

2005

Xuxinha e Guto contra os monstros do espaço — Direção: Clewerson Saremba e Moacyr Góes
Tainá 2, a aventura continua — Direção: Mauro Lima
Eliane e o segredo dos golfinhos — Direção: Eliana Fonseca

2006

Brichos — Direção: Paulo Munhoz
A ilha do terrível Rapaterra — Direção: Ariane Porto
Xuxa gêmeas — Direção: Jorge Fernando
O cavaleiro Didi e a princesa Lili — Direção: Marcus Figueiredo

Didi, o caçador de tesouros — Direção: Marcus Figueiredo

2007

Os porralokinhas — Direção: Lui Farias
Xuxa em sonho de menina — Direção: Rudi Lagemann
Pequenas histórias — Direção: Helvécio Ratton

2008

Garoto Cósmico — Direção: Alê Abreu
O guerreiro Didi e a ninja Lili — Direção: Marcos Figueiredo

2009

O grilo feliz e os insetos gigantes — Direção: Walbercy Ribas
Xuxa em O mistério de Feiurinha — Direção: Tizuka Yamazaki

2010

Eu e meu guarda-chuva — Direção: Toni Vanzolini

Bibliografia

CINEMA INFANTIL

AZEREDO, Ely. "Cinema 'livre' para menores: importância do filme 'livre'." *Filme Cultura*, Ano VI, n. 22, Rio de Janeiro, novembro/dezembro de 1972.

BAZALGETTE, Cary e STAPLES, Terry. "Unshrinking the kids: Children's cinema and the family film". In: BAZALGETTE, Cary e BUCKINGHAM, David. *In Front of the Children: Screen Entertainment and Young Audiences*. Londres: British Film Institute, 1997.

CANTOR, Joanne. *Mommy, I'm Scared: How TV and Movies Frighten Children and What We Can Do to Protect Them*. San Diego: Harvest, 1998.

D'AVILA, Roberto H. "Quem tem medo do blockbuster?". *Sinopse: Revista de Cinema*, n. 4, ano I, São Paulo, março de 2000.

DEL VECCHIO, Gene. *Creating Ever-Cool: A Marketer's Guide to a Kid's Heart*. Gretna: Pelican, 2002.

GARCIA, Cláudia Amorim. "O filme de Helvécio Ratton: O Menino Maluquinho". In: GARCIA, Cláudia Amorim; CASTRO, Lucia Rabello e SOUZA, Solange Jobim. *Infância, cinema e sociedade*. Rio de Janeiro: Ravil, 1997.

GIROUX, Henry A. "Os filmes da Disney são bons para seus filhos?". In: STEINBERG, Shirley e KINCHELOE, Joe. *A construção corporativa da infância*. Rio de Janeiro: Civilização Brasileira, 2001.

GOMES, Paulo Emílio Salles. "Contra Fantasia". In: CALIL, Carlos Augusto e MACHADO, Maria Teresa (orgs.). *Paulo Emílio — Um intelectual na linha de frente*. São Paulo/Rio de Janeiro: Brasiliense/Embrafilme, 1986.

GOMIDE, Paula Inez Cunha. "A influência de filmes violentos em comportamento agressivo de crianças e adolescentes". *Reflexão e Crítica*, v. 13, n. 1. Porto Alegre, 2000.

GUIMARAENS, Cêça de. Identidades ou cidadanias? In: GARCIA, Cláudia Amorim; CASTRO, Lucia Rabello e SOUZA, Solange Jobim. *Infância, cinema e sociedade*. Rio de Janeiro: Ravil, 1997.

JEDLICKOVA, P. *Jiri Trnka: ilustrador, creador de marionetas, pintor y diretor de películas animadas*. Radio Prague. Disponível em: <http://archiv.radio.cz/espanol/historia/osobnost.phtml?cislo=99>. Acesso em: 13 de maio de 2003.

KRÄMER, Peter. "Would you Take your Child to See This Film? The Cultural and Social Work of the Family-adventure Movie". In: NEALE, Steve e SMITH, Murray. *Contemporary Hollywood Cinema*. Londres: Routledge, 1999

LAURITO, Ilka Brunilde. *Cinema e infância: plano de estudos e orientação bibliográfica*. São Paulo: Fundação Cinemateca Brasileira, 1962.

LOBATO, Monteiro. "O grande criador". In: *Figuras do Brasil: 80 Autores em 80 anos de Folha*. São Paulo: Publifolha, 2001.

MERTEN, Luiz Carlos. "O cinema e a infância". In: ZILBERMANN, Regina. *A produção cultural para crianças*. Porto Alegre: Mercado Aberto, 1982.

MONTEIRO, Marialva. *A recepção da mensagem audiovisual pela criança*: busca de um olhar antropológico diante do espectador infantil. Rio de Janeiro: Fundação Getulio Vargas, Instituto de Estudos Avançados em Educação, 1990.

MORETTIN, Eduardo Victorio. *Cinema educativo*: Uma abordagem histórica. São Paulo: Comunicação e Educação, USP/Editora Moderna/Communication Research Center, set./dez. 1995.

_____. "Cinema, história e educação: Uma análise do filme 'Os bandeirantes' (1940), de Humberto Mauro". In: BARROS, Armando Martins. *Pedagogia da imagem, imagem na pedagogia: anais do seminário*. Rio de Janeiro: Universidade Federal Fluminense/Faculdade de Educação, 1995.

MORRIS, Tim. *You're Only Young Twice: Children's Literature and Film*. Champaign: University of Illinois Press, 2000.

PIMENTEL, Spensy. "Xuxa não é só sexo, mas sexo faz parte da Xuxa". *Sinopse: Revista de Cinema*, n. 4, ano I. São Paulo, março de 2000.

RATTON, Helvécio. "Espectador ou consumidor: Criança e cinema". *Sinopse: Revista de Cinema*, n. 4, ano I. São Paulo, março de 2000.

_____. "Brincar X Consumir". In: GARCIA, Cláudia Amorim; CASTRO, Lucia Rabello e SOUZA, Solange Jobim. *Infância, cinema e sociedade*. Rio de Janeiro: Ravil, 1997.

SMOODIN, Eric. *Disney Discourse: Producing the Magic Kingdom*. Nova York: Routledge, 1994.

STAPLES, Terry. *All Pals Together — The Story of Children's Cinema*. Edinburgh: Edinburgh University Press, 1997.

_____. *Now Showing 2: A Directory of Film for Children*. British Film Institute. Disponível em: <www.bfi.org.uk/education/resources/teaching/primary/nowshowing2/pdf/nowshowing2.pdf>. Acesso em: 20 de novembro de 2003.

STREET, Douglas. *Children's Novels and the Movies*. Nova York: Frederick Ungar Publishing, 1983.

VALENTE, Eduardo. "Noções de infância e educação: Filmes infantis". *Sinopse: Revista de Cinema*, n. 4, ano I. São Paulo, março de 2000.

WOJCIK-ANDREWS, Ian. *Children's Films History, Ideology, Pedagogy, Theory*. Nova York: Garland Publishing, 2000.

ZIPES, Jack. "Once Upon a Time Beyond Disney: Contemporary Fairy Tale Films". In: BAZALGETTE, Cary e BUCKINGHAM, David. *In Front of the Children: Screen Entertainment and Young Audiences*. Londres: British Film Institute, 1997.

INFÂNCIA E CULTURA INFANTIL

ABREU, Martha e MARTINEZ, Alessandra Frota. "Olhares sobre a criança no Brasil: Perspectivas históricas". In: RIZZINI, Irene. *Olhares sobre a criança no Brasil: Séculos XIX e XX*. Rio de Janeiro: Petrobras/Ministério da Cultura/USU Ed. Universitária/Amais, 1997.

ACUFF, Dan S e REIHER, Robert H. *What Kids Buy and Why: The Psychology of Marketing to Kids*. Nova York: The Free Press, 1997.

APPLEBEE, A. N. *The Child Concept of Story*. Chicago: Chicago University Press, 1978.

ARIÈS, Philippe. *História social da criança e da família*. 2. ed. Rio de Janeiro: LTC Editora, 1981.

BAZALGETTE, Cary. *Los Medios Audiovisuales en la Educacion Primaria*. Madri: Morata/Ministerio de Educación y Ciencia, 1991.

_____ e BUCKINGHAM, David. "Introduction — The Invisible Audience". In: BAZALGETTE, Cary e BUCKINGHAM, David. *In Front of the Children: Screen Entertainment and Young Audiences*. Londres: British Film Institute, 1997.

BETTELHEIM, Bruno. *A psicanálise dos contos de fadas*. 16. ed. Rio de Janeiro: Paz e Terra, 2002.

BLOCK, Alan. A. "Lendo revistas infantis: Cultura infantil e cultura popular". In: STEINBERG, Shirley e KINCHELOE, Joe. *A construção corporativa da infância*. Rio de Janeiro: Civilização Brasileira, 2001.

BORDINI, Maria da Glória. "A literatura infantil nos anos 80". In: SERRA, Elizabeth d'Angelo. *30 anos de literatura para crianças e jovens — Algumas leituras*. Campinas: Mercado de Letras/ABL, 1998.

BRANDÃO, Ana Lúcia. "A literatura infantil dos anos 80". In: SERRA, Elizabeth d'Angelo. *30 anos de literatura para crianças e jovens: algumas leituras.* Campinas: Mercado de Letras/ABL, 1998.

BUCKINGHAM, David. *After the Death of Childhood: Growing Up in the Age of Electronic Media.* Cambridge: Polity Press, 2000.

CAPARELLI, Sergio. "Televisão, programas infantis e a criança". In: ZILBERMANN, Regina. *A produção cultural para crianças.* Porto Alegre: Mercado Aberto, 1982.

_____. "A emergência da criança no espaço do consumo". In: GARCIA, Cláudia Amorim; CASTRO, Lucia Rabello e SOUZA, Solange Jobim. *Infância, cinema e sociedade.* Rio de Janeiro: Ravil, 1997.

CARVALHO, Bárbara Vasconcelos. *A literatura infantil: visão histórica e crítica.* São Paulo: Global, 1985.

COELHO, Nelly Novaes. *Panorama histórico da literatura infantil/juvenil.* 4. ed. São Paulo: Ática, 1991.

CROPANI, Ottaviano De Fiori. *Livro, biblioteca e leitura no Brasil.* Disponível em: <http://www9.cultura.gov.br/textos/of01.htm>. Acesso em: 10 de novembro de 2001.

CUNHA, Maria Antonieta Antunes. "Balanço dos anos 60/70". In: SERRA, Elizabeth d'Angelo. *30 anos de literatura para crianças e jovens: algumas leituras.* Campinas: Mercado de Letras/ABL, 1998.

DUARTE JR., João-Francisco. *Por que arte-educação?* 12. ed. Campinas: Papirus, 2001.

FALEIROS, Vicente de Paula. "Infância e processo político no Brasil". In: *A arte de governar crianças.* Rio de Janeiro: Instituto Interamericano del Niño/Editora Universitária Santa Úrsula/AMAIS Livraria e Editora, 1995.

FREITAS, Marcos Cezar de. *História social da infância brasileira.* São Paulo: Cortez, 1997.

GRATIOT-ALPHANDÉRY, H. Henri Wallon (1879-1962). *Prospects: The Quarterly Review of Comparative Education*, v. XXIV, n. 3/4, Paris: Unesco, 1994, pp. 787-800.

GREENFIELD, Patricia Marks. *O desenvolvimento do raciocínio na era da eletrônica.* São Paulo: Summus, 1988.

HELD, Jacqueline. *O imaginário no poder:* as crianças e a literatura fantástica. São Paulo: Summus, 1980.

HILTY, Eleanor Blair. "De Vila Sésamo a Barney e seus amigos: A televisão como professora". In: STEINBERG, Shirley e KINCHELOE, Joe. *A construção corporativa da infância.* Rio de Janeiro: Civilização Brasileira, 2001.

JENKINS, Henry (org.). *The Children's Culture Reader*. Nova York: Nova York University Press, 1998.

JESUALDO. *A literatura infantil*. São Paulo: Cultrix, 1982.

KAPUR, Jyotsna. "Out of Control: Television and the Transformation of Childhood in Late Capitalism". In: KINDER, Marsha (org.). *Kid's Media Culture*. Durham: Duke University Press, 1999.

KELLNER, Douglas. "Beavis e Butt-Head: Sem futuro para a juventude pós-moderna". In: STEINBERG, Shirley e KINCHELOE, Joe. *A construção corporativa da infância*. Rio de Janeiro: Civilização Brasileira, 2001.

KINCHELOE, Joe. "Esqueceram de mim e Bad to the Bone: o advento da infância pós-moderna". In: STEINBERG, Shirley e KINCHELOE, Joe. *A construção corporativa da infância*. Rio de Janeiro: Civilização Brasileira, 2001.

KINDER, Marsha. "Kid's Media Culture: An Introduction". In: KINDER, Marsha (org.). *Kid's Media Culture*. Durham: Duke University Press, 1999.

KLINE, Stephen. "The Empire of Play: Emergent Genres of Product-based Animations". In: BAZALGETTE, Cary e BUCKINGHAM, David. *In Front of the Children: Screen Entertainment and Young Audiences*. Londres: British Film Institute, 1997.

_____. *Out of the Garden: Toys and Children's Culture in the Age of TV Marketing*. Londres: Verso, 1993.

KUIPER, K. (org.). "Children's Literature". In: *Merriam-Webster's Encyclopedia of Literature*. Springfield: Merriam-Webster, 1995, p. 237.

LACAN, Jacques. "The Mirror Stage". In: EASTHOPE, Anthony (org.). *Contemporary Film Theory*. Londres: Longman, 1993.

LACERDA, Nilma Gonçalves. "A literatura para crianças e jovens nos anos 90". In: SERRA, Elizabeth D'Angelo. *30 anos de literatura para crianças e jovens: algumas leituras*. Campinas: Mercado de Letras/ABL, 1998.

LAJOLO, Marisa. "Infância de papel e tinta". In: FREITAS, Marcos Cezar de. *História social da infância brasileira*. São Paulo: Cortez, 1997.

LANZ, Rudolf. *A pedagogia Waldorf: caminho para um ensino mais humano*. São Paulo: Antroposófica, 1979.

LIEVEGOED, Bernard. *Desvendando o crescimento*: as fases evolutivas da infância e da adolescência. 3. ed. São Paulo: Antroposófica, 2001.

MCLAREN, Peter; MORRIS, Janet. "Power Rangers: a estética da justiça falo-militarista". In: STEINBERG, Shirley e KINCHELOE, Joe. *A construção corporativa da infância*. Rio de Janeiro: Civilização Brasileira, 2001.

MEIRELES, Cecília. *Crônicas de educação*, Rio de Janeiro: Nova Fronteira, 2001, v. 4.

MUSSEN, Paul H. *O desenvolvimento psicológico da criança*. 11. ed. Rio de Janeiro: Zahar, 1983.

NAPOLITANO, Marcos. *Como usar o cinema na sala de aula*. São Paulo: Contexto, 2003.

NASCIMENTO, Maria Evelyna Pompeu. *Do adulto em miniatura à criança como sujeito de direitos: a construção de políticas de educação para a criança de tenra idade na França*. Tese de doutorado. Campinas: Faculdade de Educação, Universidade Estadual de Campinas, 2001.

PACHECO, Elza Dias. *Comunicação, educação e arte na cultura infantojuvenil*. São Paulo: Loyola, 1991.

PASSERINI, Sueli Pecci. *O fio de Ariadne: um caminho para a narração de histórias*. São Paulo: Antroposófica, 1998.

PECORA, Norma Odom. *The Business of Children's Entreteniment*. Nova York: The Guilford Press, 1998.

PENTEADO, José Roberto Whitaker. *Os filhos de Lobato: o imaginário infantil na ideologia do adulto*. Rio de Janeiro: Dunya Editora, 1997.

PERROTTI, Edmir. *Confinamento cultural, infância e leitura*. São Paulo: Summus Editorial, 1990.

_____. "A criança e a produção cultural". In: ZILBERMANN, Regina. *A produção cultural para crianças*. Porto Alegre: Mercado Aberto, 1982.

_____. "A cultura das ruas". In: PACHECO, Elza Dias. *Comunicação, educação e arte na cultura infantojuvenil*. São Paulo: Loyola, 1991.

PIAGET, Jean. *Seis estudos de psicologia*. Rio de Janeiro: Forense-Universitária, 1987.

PIAGET, Jean e INHELDER, Bärbel. *A psicologia da criança*. Rio de Janeiro: Bertrand Brasil, 1995.

POSTMAN, Neil. *O desaparecimento da infância*. Rio de Janeiro: Graphia Editorial, 2002.

PRATES, Maria Clara e ODILLA, Fernanda. "Reféns do crime". *Estado de Minas*. Belo Horizonte, 6 junho de 2003.

PROST, Antoine e VICENT, G. *História da vida privada: da Primeira Guerra a nossos dias*. São Paulo: Companhia das Letras, 1992.

RASHKIN, Elissa. "Xuxa S.A.: The Queen of Rede Globo in the Age of Transnational Capitalism". In: KINDER, Marsha (org.). *Kid's Media Culture*. Durham: Duke University Press, 1999.

READ, Herbert. *A educação pela arte*. São Paulo: Martins Fontes, 2001.

RIZZINI, Irene (org.). *Olhares sobre a criança no Brasil: Século XIX e XX*. Rio de Janeiro: Editora Universitária Santa Úrsula, 1997.

ROCCO, Maria Thereza Fraga. "O processo ficcional: do livro ao vídeo". In: PACHECO, Elza Dias. *Comunicação, educação e arte na cultura infantojuvenil*. São Paulo: Loyola, 1991.

ROSE, Jacqueline. *The Case of Peter Pan or The Impossibility of Children's Fiction*. Filadélfia: University of Pensylvannia Press, 1992.

SANDRONI, Laura. "De Lobato à década de 1970". In: SERRA, Elizabeth d'Angelo. *30 anos de literatura para crianças e jovens: algumas leituras*. Campinas: Mercado de Letras/ABL, 1998.

SIMPSON, Amelia. *Xuxa: The Mega-Marketing of Gender, Race and Modernity*. Filadélfia: Temple University Press, 1993.

STEINBERG, Shirley e KINCHELOE, Joe. "Sem segredos: cultura infantil, saturação de informação e infância pós-moderna". In: STEINBERG, Shirley e KINCHELOE, Joe. *A construção corporativa da infância*. Rio de Janeiro: Civilização Brasileira, 2001.

VALENTE, Eduardo. "Noções de infância e educação: Filmes infantis". *Sinopse: Revista de Cinema*, n. 4, ano I. São Paulo, março de 2000.

VASCONCELOS, José Mauro de. *Meu pé de laranja lima*. São Paulo: Melhoramentos, 2002.

VIGOTSKI L. S. *Psicologia pedagógica*. São Paulo: Martins Fontes, 2001.

WOOD, David. *Como as crianças pensam e aprendem*. São Paulo: Martins Fontes, 1996.

YANAZE, Liriam Luri Higuchi. "A linguagem publicitária dirigida ao público infantil nos contextos brasileiro e japonês". In: GHILHARDI-LUCENA, Maria Inês e BARZOTTO, Valdir Heitor. *Nas telas da mídia*. Campinas: Alínea, 2002.

ZILBERMANN, Regina. *A produção cultural para crianças*. Porto Alegre: Mercado Aberto, 1982.

ZIPES, Jack. *Happily Ever After: Fairy Tales, Children and the Culture Industry*. Nova York: Routledge, 1997.

_____. "Once Upon a Time Beyond Disney: Contemporary Fairy Tale Films". In: BAZALGETTE, Cary e BUCKINGHAM, David. *In Front of the Children: Screen Entertainment and Young Audiences*. Londres: British Film Institute, 1997.

_____. *Breaking the Magic Spell: Radical Theories of Folk and Fairy Tales*. Nova York: Routledge, 1992.

CINEMA EM GERAL

ALMEIDA, Cláudio Aguiar. "Cinema brasileiro no Estado Novo: o diálogo com a Itália, Alemanha e URSS". *Revista de Sociologia e Política*, n. 12. Curitiba, junho de 1999.
AUMONT, Jacques e MARIE, Michel. *Análisis del film*. Barcelona: Paidós, 1990.
BARSALINI, Glauco. *Mazzaropi, o Jeca do Brasil*. Campinas: Editora Átomo, 2002.
BAUDRY, Jean-Louis. "Cinema: efeitos ideológicos produzidos pelo aparelho de base". In: XAVIER, Ismail (org.). *A experiência do cinema*. Rio de Janeiro: Graal, 1983.
BAZIN, André. *O cinema: ensaios*. São Paulo: Brasiliense, 1991.
BERGALA, Alain. "Film and its Spectator". In: AUMONT, Jacques *et alii*. *A estética do filme*. Campinas: Papirus, 2002.
BERNADET, Jean-Claude. *Trajetória crítica*. São Paulo: Polis, 1978.
BOUSSINOT, Roger. *L'Encyclopédie du Cinema*. Paris: Bordas, 1989.
BOWSER, Eileen. *The Transformation of Cinema 1907-1915*. Berkeley/Los Angeles/Londres: University of California Press, 1990.
BRANDÃO, Ignácio de Loyola. "Cabeças abismadas". In: LADEIRA, Julieta de Godoy. *Memórias de Hollywood*. São Paulo: Nobel, 1988.
BURCH, Noel. *Práxis do cinema*. São Paulo: Perspectiva, 1992.
CALIL, Carlos Augusto e MACHADO, Maria Teresa (orgs.). *Paulo Emílio: um intelectual na linha de frente*. São Paulo/Rio de Janeiro: Brasiliense/Embrafilme, 1986.
CANDIDO, Antonio. "Cinematógrafo". In: LADEIRA, Julieta de Godoy. *Memórias de Hollywood*. São Paulo: Nobel, 1988.
CARRASCO, Claudiney Rodrigues. *Trilha musical: música e articulação*. Dissertação de mestrado em Artes. São Paulo: Escola de Comunicação e Artes, Universidade de São Paulo.
COMOLLI, Louis e NARBONI, Jean. "Cinema/Ideology/Criticism (1)". In: EASTHOPE, Anthony (org.). *Contemporary Film Theory*. Londres: Longman, 1993.
COSTA, Antonio. *Compreeender o cinema*. 2. ed. São Paulo: Globo, 1989.
CATANI, Afrânio Mendes. "A aventura industrial e o cinema paulista (1930-1955)". In: RAMOS, Fernão. *História do cinema brasileiro*. São Paulo: Art Editora, 1987.
DEPRUN, Jean. *Cinema and Identification*. Disponível em: <www.latrobe.edu.au/screeningthpast/classics/c10499/jdc11.htm>. Acesso em: 16/6/03.
_____. *Cinema and Transference*. Disponível em: <www.latrobe.edu.au/screeningthpast/classics/c10499/jdc12.htm>. Acesso em: 16/6/03.
GALVÃO, Maria Rita. *O desenvolvimento das ideias sobre cinema independente*. Cadernos da Cinemateca, n. 4, 1980.

GOMES, Paulo Emílio Salles. "Mazzaropi no largo do Paissandu". In: CALIL, Carlos Augusto e MACHADO, Maria Teresa (orgs.). *Paulo Emílio: um intelectual na linha de frente*. São Paulo/Rio de Janeiro: Brasiliense/Embrafilme, 1986.

JARVIE, I. C. *Movies as Social Criticism — Aspects of Their Social Psychology*. Metuchen/Londres: The Scarecrow Press, 1978.

KOSZARSKI, Richard. *An Evening's Entertainment: The Age of the Silent Feature Picture 1915-1928*. Berkeley/Los Angeles/Londres: University of California Press, 1990.

LEBEL, Jean-Patrick. *Cinema e ideologia*. 2. ed. Lisboa: Estampa, 1975.

LUNARDELLI, Fatimarlei. *Ô psit! O cinema popular dos Trapalhões*. Porto Alegre: Artes e Ofícios, 1996.

MARIE, Michel. "O filme e seu espectador". In: AUMONT, Jacques *et alii*. *A estética do Filme*. Campinas: Papirus, 2002.

MCFARLANE, Brian. *Novel to Film: An Introduction to the Theory of Adaptation*. Oxford: Clarendon Press, 1996.

METZ, Christian. *The Imaginary Signifier: Psychoanalysis and the Cinema*. Londres e Basingstoke: Bloomington; Indiana University Press, 1982.

MIRANDA, Carlos Alberto. *Cinema de animação: arte nova/arte livre*. Rio de Janeiro: Vozes, 1971.

MIRANDA, Luiz F. A. *Dicionário de cineastas brasileiros*. São Paulo: Secretaria Estadual de Cultura de São Paulo/Art Editora, 1990.

MUSSER, Charles. *The Emergence of Cinema: The American Screen to 1907*. Berkeley/Los Angeles/Londres: University of California, 1990.

RAMOS, Fernão (org.). *História do cinema brasileiro*. São Paulo: Art Editora, 1987.

_____. e MIRANDA, Luiz F. A. *Enciclopédia do cinema brasileiro*. São Paulo: Senac, 2000.

REISZ, Karel Reisz e MILLAR, Gavin. *A técnica da montagem cinematográfica*. Rio de Janeiro: Civilização Brasileira, 1968.

ROSEN, Philip (org.). *Narrative, Apparatus, Ideology: A Film Theory Reader*. Nova York: Columbia University Press, 1986.

SADOUL, Georges. *Dictionnaire des Films*. Paris: Editions du Seuil, 1990.

_____. *El Cine, Su Historia y sua Técnica*. México: Fondo de Cultura Economica, 1950.

SALLES, Francisco Luiz de Almeida. *Cinema e verdade*: Marilyn, Buñuel etc. por um escritor de cinema. São Paulo: Companhia das Letras/Fundação do Cinema Brasileiro, 1988.

SCHVARZMAN, Sheila. *Humberto Mauro e as Imagens do Brasil*. Tese de doutorado. Campinas: IFCH, Universidade Estadual de Campinas, 2000.

SILVA NETO, Antônio Leão. *Dicionário de filmes brasileiros*. São Paulo: Edição do Autor, 2002.

SOILA, Tytti. "Denmark". In: SOILA, Tytti; WIDDING, Astrid Söderbergh e IVERSEN, Gunnar. *Nordic National Cinemas*. Nova York: Routledge, 1998.

_____. "Finland". In: SOILA, Tytti; WIDDING, Astrid Söderbergh e IVERSEN, Gunnar. *Nordic National Cinemas*. Nova York: Routledge, 1998.

_____. "Sweden". In: SOILA, Tytti; WIDDING, Astrid Söderbergh e IVERSEN, Gunnar. *Nordic National Cinemas*. Nova York: Routledge, 1998.

SORLIN, Pierre. *Sociologia del Cine*. México: Fondo de Cultura Economica, 1992.

TRUFFAUT, François. *Os filmes de minha vida*. Rio de Janeiro: Nova Fronteira, 1989.

VERNET, Marc. "Cinema e narração". In: AUMONT, Jacques *et alii*. *A estética do filme*. Campinas: Papirus, 2002.

VIEIRA, João Luiz. "Este é meu, é seu, é nosso: introdução à paródia no cinema brasileiro". In: *Filme Cultura*, v. XXI, n. 41/42. Rio de Janeiro, maio de 1983.

WIDDING, Astrid Söderbergh. "Iceland". In: SOILA, Tytti; WIDDING, Astrid Söderbergh e IVERSEN, Gunnar. *Nordic National Cinemas*. Nova York: Routledge, 1998.

CULTURA E MÍDIA

ACOSTA-ORJUELA, Guillermo Maurício. *Efeitos da televisão sobre os comportamentos antissocial e pró-social*. Tese de doutorado. Campinas: Universidade Estadual de Campinas, 1997.

_____. *15 motivos para "ficar de olho" na televisão*. Campinas: Alínea, 1999.

ADORNO, Theodor e HORKHEIMMER, Max. "A indústria cultural: o Iluminismo como mistificação das massas". In: LIMA, Luiz Costa. *Teorias da cultura de massa*. Rio de Janeiro: Paz e Terra, 2002.

ALTHUSSER, Louis. *Aparelhos ideológicos de Estado*. Rio de Janeiro: Graal, 1983.

BENJAMIN, Walter. "A obra de arte na época de sua reprodutibilidade técnica". In: LIMA, Luiz Costa. *Teorias da cultura de massa*. Rio de Janeiro: Paz e Terra, 2002.

ECO, Umberto. *Apocalípticos e integrados*. São Paulo: Perspectiva, 1970.

GUIMARÃES, C. "A mídia e a Medusa: As imagens televisivas e a ética". *Diversa: Revista da Universidade Federal de Minas Gerais*, ano 2, n. 4. Belo Horizonte, maio de 2004.

KELLNER, Douglas. *A cultura da mídia*. Bauru: Edusc, 2001.

LEITE NETO, Alcino. "Os cães ladram e as palavras morrem". *Folha de S.Paulo.* Disponível em: <www.folha.uol.com.br/folha/pensata/ult682u74.shtml>. Acesso em: 8/6/2003.

MATTOS, Sérgio. *História da televisão brasileira: uma visão econômica, social e política.* 2. ed. Rio de Janeiro: Vozes, 2002.

MCLUHAN, Marshall. *Os meios de comunicação como extensão do homem.* São Paulo: Cultrix, 1969.

SODRÉ, Muniz. *A máquina de Narciso: televisão, indivíduo e poder no Brasil.* Rio de Janeiro: Achiamé, 1984.

Este livro foi composto na tipologia Sabon LT Std,
em corpo 10,5/15, impresso em papel off-white 80g/m²,
no Sistema Cameron da Divisão Gráfica
da Distribuidora Record.